中国金融稳定报告

China Financial Stability Report

2020

中国人民银行金融稳定分析小组

中国金融出版社

中国人民银行金融稳定分析小组

组　长：潘功胜

成　员（以姓氏笔画为序）：

王　信　朱　隽　阮健弘　孙天琦
孙国峰　李文森　李　伟　邹　澜
罗　锐　周学东　陶　玲　温信祥
霍颖励

《中国金融稳定报告2020》指导小组

潘功胜　梁　涛　李　超　邹加怡

《中国金融稳定报告2020》编写组

总　纂：孙天琦　黄晓龙　文洪武　杨　柳　孟　辉
统　稿：杨　柳　那丽丽
执　笔：
综　述：那丽丽　刘　通
第一部分：
　　正　文：沈昶烨　陈　俊　张若婵　谷雨饶　王　磊
　　　　　　申　琳
　　专题一：那丽丽
　　专题二：昝国江　杜金岳
　　专题三：闫　珅
第二部分：
　　正　文：李　冠　邱　夏　周　异　梁　爽　刘　瑶
　　专题四：周　媛　王涣森　王雅琪
　　专题五：谢　霏
　　专题六：梁　爽
　　专题七：张　荣
　　专题八：鲁芄蔚　刘　通　楼　丹
　　专题九：刘　勤　陈　伟　计　磊
第三部分：
　　正　文：刘　通　刘　铮　王文静　徐　伟　马新彬
　　　　　　李恺宁　陈　宁　吴文光　赵晟江
　　专题十：赵　文
　　专题十一：魏　巍
　　专题十二：王晓青　吴文光　赵晟江　甘浩楠
　　专题十三：董忆伟　徐　伟
　　专题十四：陈　敏　王广龙　李恺宁
　　专题十五：黄建生　田　甜
　　专题十六：欧阳昌民　张　弯
　　专题十七：刘　浩　孙皓原　陈　博　计　磊
　　专题十八：陈　宁
　　专题十九：周　异
　　专题二十：苗萌萌　楼　丹　王蕊同　姜晶晶　贺　坤
　　附　　录：李紫妍　张　果　毛奇正　赵朋飞　张　哲
　　　　　　　鲁芄蔚

其他参与写作人员（以姓氏笔画为序）：
　　杨　洋　杨榕钧　陈　双　陈　羲　居　珊
　　赵诗雨　郝智慧　徐尊为

综　　述

2019年以来，全球政治经济局势更加复杂严峻，中国经济金融体系面临的外部压力明显加大。面对复杂局面，金融系统坚持稳中求进工作总基调，坚持新发展理念，紧紧围绕服务实体经济、防控金融风险、深化金融改革三项任务，坚持实施稳健的货币政策，坚决打好防范化解重大金融风险攻坚战，持续深化金融供给侧结构性改革，不断改善金融管理和服务，为促进经济高质量发展创造了良好的货币金融环境。2019年，中国国内生产总值（GDP）同比增长6.1%，位居全球主要经济体前列，比同期全球经济增速高出3.2个百分点；就业形势保持稳定，国际收支基本平衡，外汇储备规模略有增加。在2019年全球经济增长动能偏弱的背景下，中国经济取得这样的发展成果难能可贵。

2020年，突如其来的新冠肺炎疫情对中国乃至全球经济带来前所未有的冲击。世界经济严重衰退，产业链供应链循环受阻，国际贸易投资萎缩，大宗商品市场动荡。国内第一季度经济收缩6.8%，消费、投资、出口下滑，就业压力显著加大，企业特别是中小微企业困难凸显，金融等领域风险有所积聚。习近平总书记高度重视统筹推进疫情防控和经济社会发展工作，多次发表重要讲话，亲自指挥部署。金融管理部门坚决落实党中央、国务院部署，及时采取保持流动性合理充裕、引导市场利率下行、增加再贷款再贴现额度、出台小微企业信用贷款支持计划、实施中小微企业贷款阶段性延期还本付息政策等多种应对举措，全力对冲疫情影响。在一系列政策措施的作用下，统筹推进疫情防控和经济社会发展取得积极成效，前三季度经济增速实现正增长，国民经济延续稳定恢复态势，充分展现出我国经济的强大韧性和巨大回旋余地。

在肯定成绩的同时，我们也清醒地看到面临的困难和问题。国际方面，当前世界经济仍处在国际金融危机后的深度调整期，长期矛盾和短期问题相互交织，结构性因素和周期性因素相互作用，经济问题和政治问题相互关联，加之境外疫情形势依然严峻、部分国家保护主义和单边主义盛行等不利因素影响，中国不得不在一个更加不稳定不确定的世界中谋求发展。国内方面，我国正处在转变发展方式、优化经济结构、转换增长动力的攻关期，结构性、体制性、周期性问题相互交织，实现高质量发展还有一些短板弱项，加之受到疫情的冲击，部分企业债务违约风险加大，可能传导至金融体系，金融领域面临的困难和风险增多。

按照党中央、国务院决策部署和国务院金融稳定发展委员会具体要求，人民银行会同相关部门坚决打好防范化解重大金融风险攻坚战，取得重要成果。一是宏观杠杆率过快上升势头得到遏制。宏观上管好货币总闸门，结构性去杠杆持续推进。前期对宏观杠杆率过快增长的有效控制，为应对新冠肺炎疫情中加大逆周期调节力度赢得了操作空间。二是高风险金融机构风险得到有序处置。对包商银行、恒丰银行、锦州银行等分类施策，有序化解了重大风险，强化市场纪律。三是企业债务违约风险得到妥善应对。推动银行业金融机构持续加大不良贷款处置力度，不断完善债券违约处置机制。四是互联网金融和非法集资等风险得到全面治理。全国存续的P2P网络借贷机构数量和规模大幅压降，非法集资等活动受到严厉打击，各类交易场所清理整顿稳妥有序推进。五是防范化解金融风险制度建设有力推进。出台资管新规相关配套细则并推动平稳实施，影子银行无序发展得到有效治理。初步建立系统重要性金融机构、金融控股公司、金融基础设施等统筹监管框架，扎实推进金融业综合统计。全面深化资本市场改革，新《证券法》开始实施。总体看，经过治理，中国金融体系重点领域的增量风险得到有效控制，存量风险得到逐步化解，金融风险总体可控，守住了不发生系统性金融风险的底线。

面对国内外经济金融运行的复杂局面，中国经济潜力足、韧性强、回旋空间大、政策工具多的基本特点没有变，坚定不移深化改革、扩大开放的决心没有变。我们将坚持用全面、辩证、长远的眼光看待当前的困难、风险、挑战，发挥好改革的突破和先导作用，推动金融体系更好地服务经济社会发展大局。坚持稳中求进工作总基调，支持形成以国内大循环为主体、国内国际双循环相互促进的新发展格局。扎实做好“六稳”工作，全面落实“六保”任务，完善宏观调控跨周期设计和调节，加大金融政策支持实体经济特别是中小微企业力度，推动金融机构向企业合理让利，促进经济和金融良性循环健康发展。继续有效防范化解重大金融风险，精准处置重点领域风险，补齐监管制度短板，进一步压实各方责任，牢牢守住不发生系统性金融风险的底线，实现稳增长与防风险的长期均衡，为胜利完成“十三五”规划主要目标任务、决胜脱贫攻坚、全面建成小康社会营造有利的金融环境。

目 录

第一部分

宏观经济运行情况

2019年，中国经济运行总体平稳，经济结构和区域布局持续优化，发展新动能不断增强，改革开放迈出重要步伐。2020年以来，受新冠肺炎疫情冲击，世界经济严重衰退，产业链供应链循环受阻，国际贸易投资萎缩，大宗商品市场动荡，国内消费下滑，就业压力加大，中小微企业困难凸显。下一步，要紧扣全面建成小康社会目标任务，统筹推进疫情防控和经济社会发展工作，坚持稳中求进工作总基调，坚持新发展理念，以供给侧结构性改革为主线，加大“六稳”工作力度，落实“六保”工作要求，维护经济持续健康发展和金融体系稳健运行。

一、国际宏观经济形势

（一）主要经济体经济形势

2019年，全球经济增长动能偏弱，维持缓慢增长态势。美国经济整体表现较为强劲，欧元区经济增长持续走低，日本经济处于衰退边缘，新兴市场经济体增长持续分化。

美国经济整体表现较为强劲。2019年，美国各季度国内生产总值（GDP）环比折年率增速分别为3.1%、2.0%、2.1%和2.1%，全年增长2.3%。通胀水平总体较为温和，居民消费价格指数（CPI）全年维持在1.5%~2.3%，剔除波动性较大的能源、食品后，核心CPI也始终保持略高于2%的水平。劳动力市场持续改善，全年失业率低位下行，9月达到3.5%，为近50年最低水平（见图1-1）。

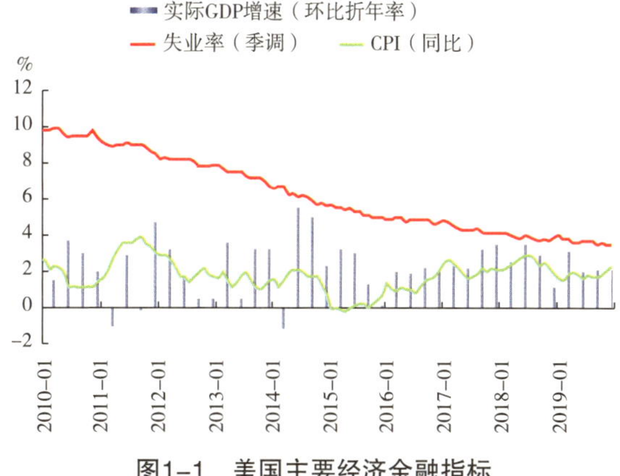

图1-1　美国主要经济金融指标

（数据来源：美国经济分析局、美国劳工统计局、美联储、路透数据终端）

欧元区经济增速持续走低，增长动能较弱。2019年，欧元区各季度GDP季调同比增速分别为1.3%、1.2%、1.7%和0.9%，全年增长1.3%，低于2018年的1.9%。通胀水平整体呈现走低趋势，从4月1.7%的高点跌落至10月0.7%的低点，年末虽有所翘尾，但仍低于年初水平。失业率保持低位，从年初的7.8%下降至10月的7.3%，并持续至年底，为2008年5月以来的最低水平（见图1-2）。

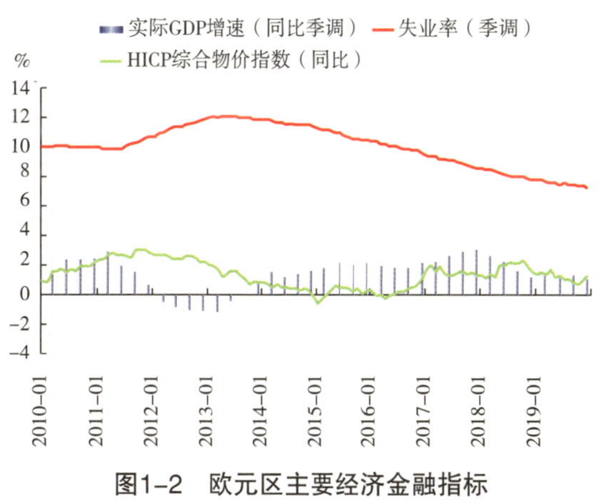

图1-2　欧元区主要经济金融指标

（数据来源：欧盟统计局、欧央行、路透数据终端）

日本经济处于衰退边缘。2019年，日本前三季度GDP环比折年率增速分别为2.6%、2.1%和0%，第四季度大幅下跌至-7.2%，为2014年第二季度以来最大跌幅，全年仅增长0.7%。通胀长期维持低位，CPI同比涨幅在0.2%~0.9%，距2%的通胀目标尚有较大差距。劳动力市场接近充分就业，失业率在2.1%~2.6%的区间徘徊（见图1-3）。

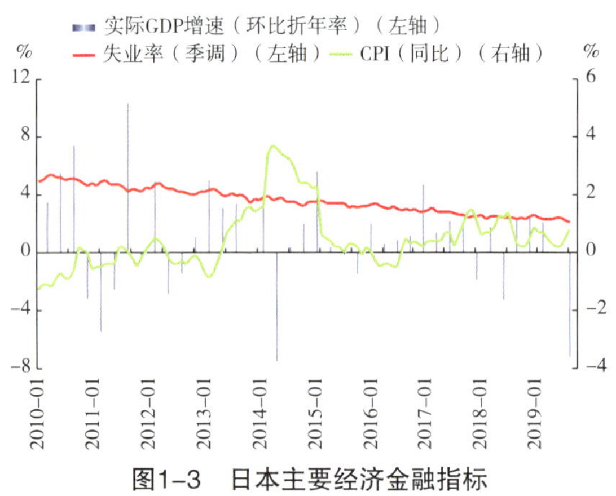

图1-3 日本主要经济金融指标

（数据来源：日本内阁府、日本统计局、日本银行、路透数据终端）

新兴市场经济体表现继续分化。2019年，巴西经济出现反弹，各季度GDP同比增速分别为0.6%、1.1%、1.2%和1.7%，全年增长1.1%。俄罗斯经济呈现回升态势，各季度GDP同比分别增长0.4%、1.0%、1.5%和2.1%，全年增长1.3%。印度经济增速较前几年有所降低，各季度GDP同比增速分别为5.7%、5.2%、4.4%和4.1%，全年增长4.2%。南非经济在零增长边缘徘徊，全年增长0.2%。阿根廷经济仍持续衰退，各季度GDP同比增速分别为-5.9%、0.4%、-1.8%和-1.1%，全年增长-2.2%。

（二）国际金融市场形势

美元指数小幅上涨，部分新兴市场经济体货币走弱。截至2019年末，美元指数收于96.5，较2018年末上涨0.5%。欧元收于1.1217美元/欧元，较2018年末贬值2.3%。英镑收于1.3252美元/英镑，较2018年末升值3.9%。日元收于108.66日元/美元，较2018年末小幅升值0.9%（见图1-4）。新兴市场经济体方面，阿根廷比索、巴西雷亚尔、印度卢比对美元较2018年末分别贬值37.2%、3.5%和2.5%；俄罗斯卢布、南非兰特对美元分别升值12.5%和2.5%。

图1-4 主要货币汇率走势

（数据来源：路透数据终端）

主要经济体国债收益率普遍下行。截至2019年末，美国10年期国债收益率收于1.92%，较2018年末下降77个基点。英国、德国、日本10年期国债收益率较2018年末分别下降44个、43个和2个基点（见图1-5）。新兴市场经济体方面，俄罗斯、巴西、印度、南非10年期国债收益率较上年分别下降250个、247个、82个和63个基点。

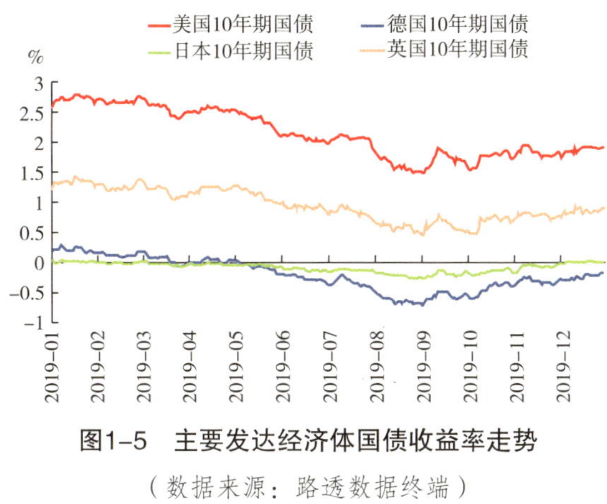

图1-5　主要发达经济体国债收益率走势

（数据来源：路透数据终端）

主要经济体股票市场大幅上涨。截至2019年末，美国道琼斯工业平均指数、标普500指数与纳斯达克指数较2018年末分别上涨22.3%、28.9%、35.2%。日本日经225指数、德国法兰克福DAX指数、欧洲STOXX50指数与英国富时100指数分别较2018年末上涨18.2%、25.5%、24.8%和12.1%（见图1-6）。新兴市场经济体中，俄罗斯RTS指数、阿根廷BUSE MERVAL指数、巴西IBOVESPA指数、印度SENSEX指数、南非JALSH指数全年分别上涨44.9%、37.6%、31.6%、14.4%和8.2%。

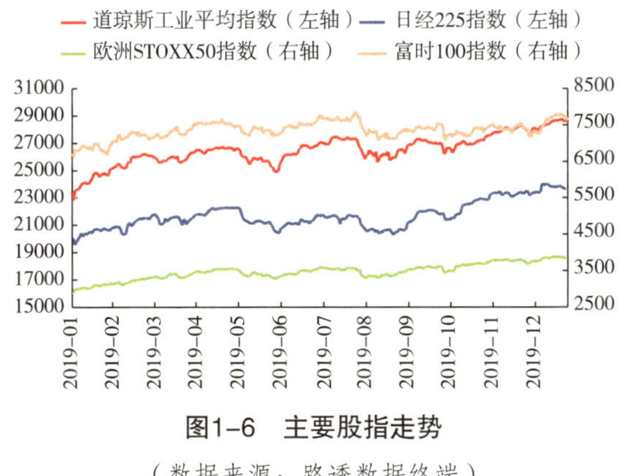

图1-6　主要股指走势

（数据来源：路透数据终端）

大宗商品市场原油价格与国际金价大幅反弹。截至2019年末，伦敦布伦特原油期货和纽约轻质原油期货价格分别收于66美元/桶和61美元/桶，较上年末分别上升22.7%和34.46%。黄金期货价格收于1523美元/盎司，较上年末上升19.2%（见图1-7）。LME铜现货价格上涨2.8%、铝现货价格下跌4.8%，CBOT大豆价格上涨6.9%、玉米价格上涨3.4%。

图1-7　国际黄金、原油价格走势

（数据来源：路透数据终端）

（三）风险与挑战

2020年1月以来，新冠肺炎疫情暴发并快速蔓延，各经济体经济增速遭遇断崖式下跌。从全球主要经济体第一季度GDP增速看，美国为-5.0%，欧元区为-2.9%，其中德国为-1.9%、法国为-4.7%、西班牙为-4.1%、意大利为-5.6%，英国为-1.7%，日本为-1.7%，韩国为-1.4%，巴西为-0.25%，各国经济第二季度的跌幅进一步扩大。

2020年10月，国际货币基金组织（IMF）预测2020年全球经济将萎缩4.4%，较2020年1月预测下调7.7个百分点，其中，发达经济体、新兴市场经济体与发展中国家2020年增速预测均被大幅调减。展望未来，全球经济可能面临以下风险。

疫情走势尚不明朗、各国应对力度存在差别，全球经济面临极大不确定性。尽管各国均出台了防控疫情的相关措施，但政策力度和实施效果存在差异，且缺乏有力的国际协调，或将导致疫情在全球出现反复，拖累经济复苏。即使一国成功设计和推行了缓解经济急速下行的政策组合，也无法避免世界其他地区应对政策不充分带来的负面冲击。疫情如何演化、各国如何应对、实体经济如何消化冲击、金融市场如何反应，都面临着很大的不确定性，并直接影响全球经济的后续走势。

部分金融领域风险加速积累，值得警惕。疫情冲击下，各国实体经济陷入困境，企业部门、金融机构的信用风险和市场风险不断累积，推高金融体系脆弱性，避险情绪可能再次引发市场流动性收紧。发达经济体金融市场遭遇巨幅震荡后虽有所缓和，但缺乏基本面支撑，仍存在后续震荡的可能性。新兴市场经济体仍然面临大规模资本外流、货币大幅贬值的风险。全球金融市场间的相互联动，增大了局部金融风险跨市场传染的可能性。

新兴市场经济体受经济金融双重掣肘，偿债压力大增。在多年来全球流动性宽松的背景下，一些新兴市场经济体的外债水平不断上升。多数新兴市场经济体为出口导向，贸易依存度较高，部分经济体更是依赖原油等大宗商品出口，疫情冲击引发的外需萎缩、油价暴跌严重影响其收入，可能导致本币大幅贬值，进一步增大债务偿还压力。

二、国内宏观经济运行

2019年，面对国内外风险挑战明显上升的复杂局面，我国经济社会保持健康发展，三大攻坚战取得关键进展，金融风险有效防控，改革开放迈出重要步伐，供给侧结构性改革继续深化，"十三五"规划主要指标进度符合预期，全面建成小康社会取得新的重大进展。

（一）经济增长稳中有进，产业结构持续优化

2019年我国GDP为99.09万亿元，按可比价格计算，同比增长6.1%，各季度增速分别为6.4%、6.2%、6.0%和6.0%，保持了较为平稳的增长态势（见图1-8）。分产业看，第一产业增加值7.05万亿元，同比增长3.1%；第二产业增加值38.62万亿元，同比增长5.7%；第三产业增加值53.42万亿元，同比增长6.9%。从产业增加值占GDP比重看，第一产业为7.1%，比上年提高0.1个百分点；第二产业为

39.0%，比上年下降0.7个百分点；第三产业为53.9%，比上年提高0.6个百分点。

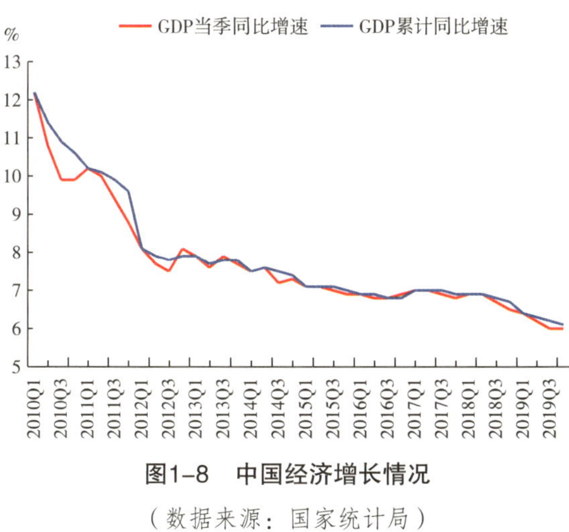

图1-8　中国经济增长情况

（数据来源：国家统计局）

（二）消费仍是增长主要动力，国际收支总体平衡

2019年，固定资产投资（不含农户）55.15万亿元，同比增长5.4%，增速比上年回落0.5个百分点。社会消费品零售总额41.16万亿元，同比增长8.0%，增速比上年回落1.0个百分点。货物进出口总额31.55万亿元，同比增长3.4%。其中，出口17.23万亿元，同比增长5.0%；进口14.32万亿元，同比增长1.6%；全年贸易顺差2.92万亿元（见图1-9）。内需仍是经济增长的主要动力。2019年，最终消费支出对经济增长的贡献率为57.8%，比上年下降8.1个百分点；资本形成总额对经济增长的贡献率为31.2%，比上年回落10.3个百分点；货物和服务净出口对经济增长的贡献率为11.0%，较上年上升18.4个百分点。

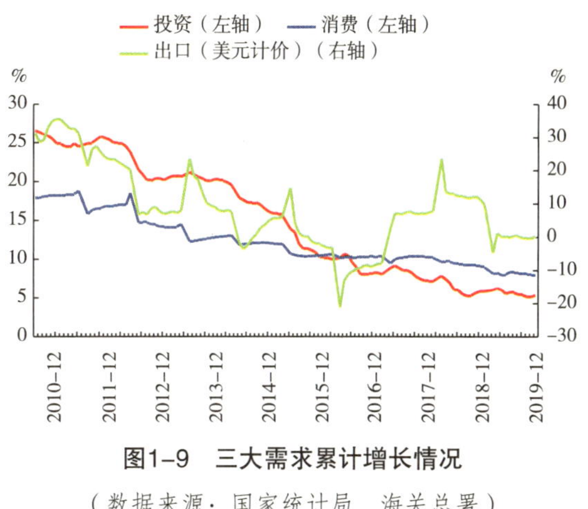

图1-9　三大需求累计增长情况

（数据来源：国家统计局，海关总署）

2019年，我国经常账户顺差1413亿美元，与同期GDP的比值为1.0%，较上年提高0.8个百分点；资本和金融账户顺差567亿美元，其中非储备性质的金融账户顺差378亿美元，储备资产减少193亿美元。2019年末，我国外汇储备余额3.11万亿美元，比上年末增加352亿美元，增长1.1%。

（三）CPI结构性上涨，PPI小幅下降

2019年，CPI同比上涨2.9%，涨幅比上年扩大0.8个百分点，各季度分别上涨1.8%、2.6%、2.9%和4.3%。分类别看，食品价格上涨9.2%，涨幅比上年提高7.4个百分点；非食品价格上涨1.4%，涨幅比上年回落0.8个百分点；消费品价格上涨3.6%，涨幅比上年提高1.7个百分点；服务价格上涨1.7%，涨幅比上年回落0.8个百分点。

2019年，工业生产者出厂价格指数（PPI）同比下降0.3%，涨幅比上年回落3.8个百分点，各季度分别上涨0.2%、0.5%、

-0.8%和-1.2%（见图1-10）。其中，生活资料价格小幅上涨，生产资料价格有所下降。生活资料价格上涨0.9%，涨幅比上年扩大0.4个百分点；生产资料价格下降0.8%，涨幅比上年低5.3个百分点。工业生产者购进价格指数（PPIRM）下降0.7%，涨幅比上年低4.8个百分点，各季度涨幅分别为0.1%、0.1%、-1.2%和-1.9%。

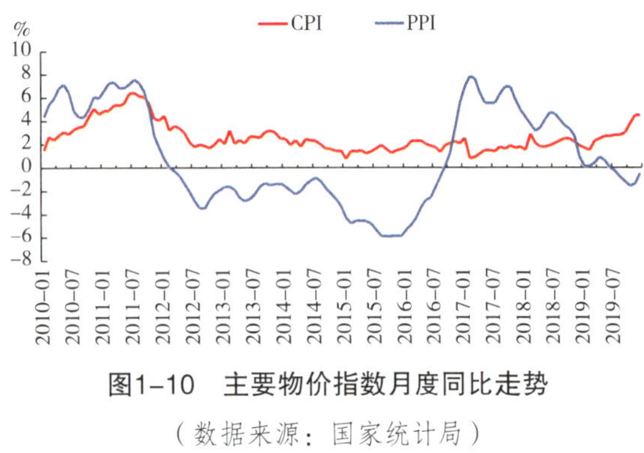

图1-10 主要物价指数月度同比走势

（数据来源：国家统计局）

（四）财政收入增速继续放缓，支出增速总体平稳

2019年，全国一般公共预算收入19.04万亿元，同比增长3.8%，增速比上年回落2.4个百分点。其中，中央一般公共预算收入8.93万亿元，占全国一般公共预算收入的46.9%，同比增长4.5%；地方一般公共预算本级收入10.11万亿元，占全国一般公共预算收入的53.1%，同比增长3.2%。从收入结构看，税收收入15.80万亿元，同比增长1.0%，占全国一般公共预算收入的83.0%；非税收入3.24万亿元，同比增长20.2%，占全国一般公共预算收入的17.0%。

全年全国一般公共预算支出23.89万亿元，同比增长8.1%，增速比上年低0.6个百分点。其中，中央一般公共预算本级支出3.51万亿元，同比增长6.0%；地方一般公共预算支出20.38万亿元，同比增长8.5%（见图1-11）。

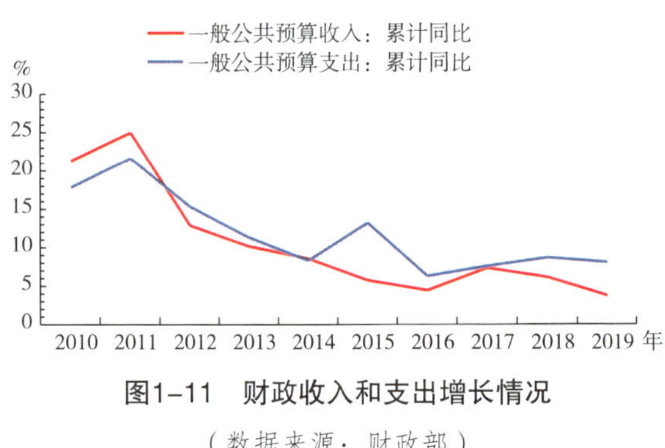

图1-11 财政收入和支出增长情况

（数据来源：财政部）

（五）工业企业利润略有下降

2019年，全国规模以上工业企业实现主营业务收入105.8万亿元，同比增长3.8%；主营业务成本88.9万亿元，同比增长4.1%；实现利润总额6.2万亿元，同比下降3.3%；主营业务收入利润率为5.86%，比上年低0.43个百分点①。在41个工业大类行业中，28个行业利润总额比上年增加，13个行业减少。

人民银行5000户企业调查结果表明，工

① 根据国家统计局发布的信息，上述数据均按可比口径计算，考虑统计制度规定的口径调整、统计执法增强、剔除重复数据、企业改革剥离等因素影响。

业企业经营情况总体趋稳。从盈利看，样本企业主营业务收入有所增长，但增速放缓；利润总额有所减少。5000户工业企业2019年主营业务收入同比增长1.7%，增速比2018年[①]收窄6.2个百分点；利润总额同比下降6.2%，增速比2018年收窄15.9个百分点。从资产周转看，样本企业存货周转率、总资产周转率均与上年基本持平，营业周期有所缩短。2019年，5000户工业企业存货周转率和总资产周转率分别为5.6次和0.8次，与上年基本持平；营业周期为125.0天，较上年减少0.8天。从资产负债率看，样本企业资产负债率有所下降，长期偿债能力有所提升。2019年末，5000户工业企业资产负债率为58.3%，比上年末下降0.6个百分点；流动比率为108.5%，比上年末上升1.6个百分点；速动比率为83.4%，比上年末提升1.6个百分点（见图1-12）；利息保障倍数为5.9倍，比上年末下降0.2。

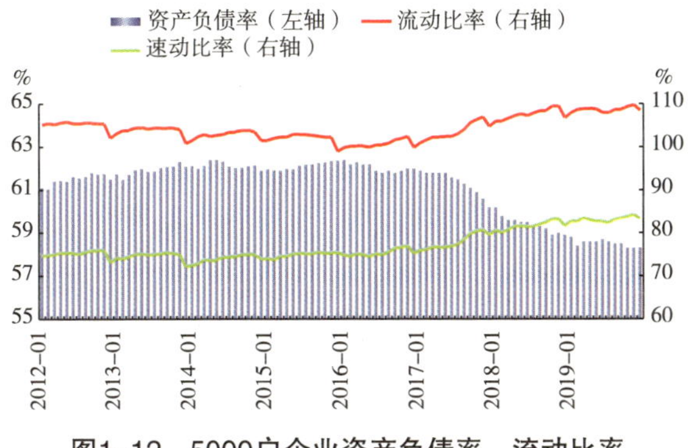

图1-12　5000户企业资产负债率、流动比率和速动比率

（数据来源：中国人民银行）

（六）就业形势保持稳定，城乡居民收入差距进一步缩小

2019年，城镇新增就业1352万人，比上年少增9万人；年末全国城镇调查失业率为5.2%，比上年末上升0.3个百分点。全国居民人均可支配收入30733元，扣除价格因素实际同比增长5.8%，比上年放缓0.7个百分点。其中，城镇居民人均可支配收入42359元，实际增长5.0%；农村居民人均可支配收入16021元，实际增长6.2%（见图1-13）。城乡居民人均收入倍差为2.64，比上年缩小0.04。

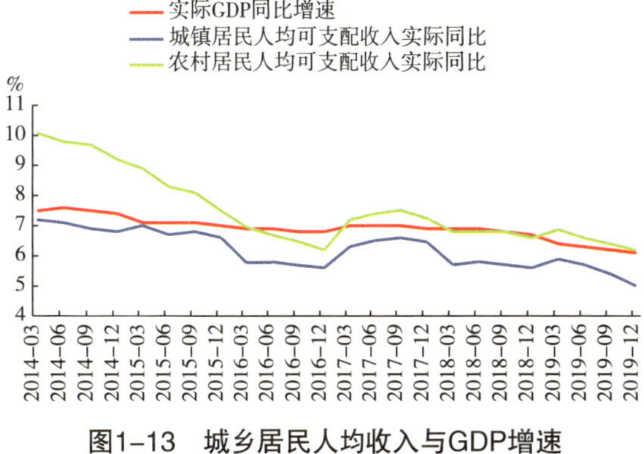

图1-13　城乡居民人均收入与GDP增速

（数据来源：国家统计局）

（七）房地产销售增速放缓，贷款增速持续回落

房地产销售增速放缓，房价总体稳定。2019年全国商品房累计销售17.16亿平方米，同比下降0.1%，其中住宅销售15.01亿平方米，同比增长1.5%，增速较上年分别下降1.4

① 由于样本企业调整、财务数据更新等原因，上述数据均按可比口径计算。

个和0.7个百分点，延续了2017年以来的放缓趋势。2019年全国商品房累计销售15.97万亿元，同比增长6.5%，较上年下降5.7个百分点。根据国家统计局数据，2019年12月，全国70个大中城市新建商品住宅和二手住宅价格分别同比上涨6.8%和3.7%，涨幅较上年同期分别下降3.7个和4个百分点。

房地产贷款增速持续回落。截至2019年末，我国房地产贷款余额44.41万亿元，同比增长14.8%，较上年回落5.2个百分点。其中，房地产开发贷款余额11.22万亿元，同比增长10.1%，较上年回落12.5个百分点；个人住房贷款余额30.16万亿元，同比增长16.7%，较上年回落1.1个百分点。

三、展望

2020年是全面建成小康社会和“十三五”规划收官之年，面对错综复杂的经济金融形势和严峻的内外部挑战，要以习近平新时代中国特色社会主义思想为指导，全面贯彻党的十九大和十九届二中、三中、四中、五中全会精神，紧扣全面建成小康社会目标任务，全力支持统筹推进疫情防控和经济社会发展工作。在疫情防控常态化背景下，坚持稳中求进工作总基调，坚持新发展理念，坚持以供给侧结构性改革为主线，坚持以改革开放为动力，扎实做好“六稳”工作，全面落实“六保”任务，坚决打好三大攻坚战，促进经济高质量发展。

加大宏观政策调节力度。财政政策更加积极有为，适度提高财政赤字率，较大幅度增加国债和地方政府专项债券发行规模，加大减税降费力度，大力优化财政支出结构，切实保障重点领域支出。稳健的货币政策更加灵活适度、精准导向，保持货币供应量和社会融资规模合理增长，完善跨周期设计和调节，实现稳增长和防风险长期均衡。

进一步推进金融机构改革。继续推动全面落实开发性、政策性金融机构改革方案，完善治理体系，遵循金融机构经营规律，发挥开发性、政策性金融机构作用。持续深化商业银行和其他金融企业改革，完善公司治理，规范股东大会、董事会、监事会与管理层关系，完善经营授权制度，形成有效的决策、执行、制衡机制，提高经营管理水平和风险控制能力。深化农村信用社等中小金融机构改革，引导保险公司回归保障功能。

继续有效防范化解重大金融风险。在巩固防范化解重大金融风险攻坚战已经取得的重要成果基础上，不断提高风险应对的全局性和前瞻性，继续做好重点领域高风险机构的“精准拆弹”工作。进一步厘清各方职责边界，压实金融机构的主体责任、地方政府属地风险处置责任、金融监管部门监管责任，人民银行发挥好最后贷款人责任，坚决防范道德风险。着力推动完善防范化解金融风险长效机制建设，用改革的办法推进金融业高质量发展，牢牢守住不发生系统性风险的底线。

加快建设高标准市场体系，推动更高水平对外开放。加快国企改革，推动国有资本布局优化调整。完善产权制度和要素市场化配置，健全支持民营经济发展的法治环境，完善中小企业发展的政策体系。完善资本市场基础制度，提高上市公司质量，健全退出机制。要在更大范围、更宽领域、更深层次继续对外开放，加强外商投资促进和保护。高质量共建“一带一路”，发挥企业主体作用，开展互惠互利合作。引导对外投资健康发展，推动贸易和投资自由化便利化。

专题一　主要经济体应对疫情的财政金融政策梳理

2020年3月以来，随着新冠肺炎疫情在全球蔓延，主要经济体推出大规模财政金融政策组合并持续加大政策力度[①]，应对疫情冲击。总体看，这些应对政策响应快、规模大、范围广，针对疫情冲击造成的经济“骤停”，发挥了民生保障作用，缓解了企业和居民的现金流压力，有助于缓解经济下行趋势，稳定金融市场，但一些潜在影响也不容忽视。

一、财政政策侧重经济救助，提供民生保障

主要经济体均出台大规模财政政策应对疫情冲击，加强企业救助和民生保障。

一是公共部门优惠贷款。一些经济体拨款设立特别贷款计划或向现有项目追加资金，通过出口促进机构或开发银行等机构，发放公共部门优惠贷款。例如，欧洲理事会推出7500亿欧元“复苏基金”，其中3600亿欧元以贷款形式用于各成员国恢复经济。欧盟委员会通过欧洲稳定机制推出2400亿欧元疫情危机支持项目（PCS），向欧元区国家提供贷款（上限为该国2019年GDP的2%），支持卫生领域相关支出；建立临时的紧急状态下减轻失业风险援助项目（SURE），提供1000亿欧元优惠贷款，用于保护就业。

二是政府贷款担保。大多数经济体推出企业贷款公共担保措施，以支持和鼓励银行继续发放贷款。担保金额和担保比例各不相同，全额贷款担保通常针对小型企业。例如，美国建立3490亿美元薪酬保障计划（PPP），为500人以下的小企业提供可豁免贷款，由小企业管理局提供全额担保。

三是政府注资。一些经济体以政府注资形式向受到严重冲击的行业提供直接援助。例如，德国在经济稳定基金中拨出1000亿欧元用于收购受影响大型企业的股份以强化其资本；法国政府对部分陷入困境的企业进行股权投资或实施国有化。

四是直接补贴。一些经济体对受困企业和个人发放补贴。例如，欧盟成员国可向受疫情影响的企业提供最高80万欧元的直接补贴；美国政府向年收入低于7.5万美元的个人发放1200美元补贴；英国政府从2020年3月至10月对因疫情被迫休假的雇员发放80%工资，

① 本专题信息截至2020年7月末。

每人每月最高2500英镑。

五是缓缴或减免税费。主要经济体普遍出台政策对受疫情影响的企业、家庭或个人采取缓缴或减免税收、社保、房租、水电费等措施。例如，韩国对疫情严重地区的中型企业减免30%所得税，小企业减免60%所得税，最高限额不超过2亿韩元；俄罗斯对登记在册的个体经营者退还2019年全部税收和2020年部分税收。

二、货币政策侧重提供流动性，支持实体经济融资

主要经济体央行通过降息降准、量化宽松和定向融资支持等货币政策工具提供大规模流动性，支持实体经济融资。

一是降息降准。美联储两次紧急降息共150个基点，将联邦基金利率目标区间降至0~0.25%，并将存款准备金率降为0。英格兰银行两次降息共65个基点至0.1%。加拿大央行降息150个基点至0.25%。其他主要经济体货币当局降息25个基点至275个基点不等。

二是重启或加码量化宽松。美联储2020年3月15日推出7000亿美元量化宽松计划，3月23日宣布无限量按需买入国债和机构债券。欧央行决定在现有项目下新增1200亿欧元资产购买规模，并推出1.35万亿欧元的紧急抗疫购债计划（PEPP），期限至少持续至2021年6月。英格兰银行增持3000亿英镑国债和非金融企业债，将资产购买规模上调至7450亿英镑。日本央行决定购买必要数量的日本国债且不设上限；将交易所交易基金（ETF）年度购买规模增加至12万亿日元，将商业票据和企业债的持有量上限提高至20万亿日元。

三是提供定向融资支持和流动性便利。主要经济体央行推出多种融资工具和流动性便利，并通过扩大合格对手方和抵押品范围增加资金供给规模。其中尤以美联储推出的工具最为丰富，包括商业票据融资工具（CPFF）、一级交易商信贷工具（PDCF）、货币市场共同基金流动性工具（MMLF）、一级市场公司信贷工具（PMCCF）、二级市场公司信贷工具（SMCCF）、定期资产支持证券贷款工具（TALF）、薪酬保障计划流动性工具（PPPLF）、大众企业贷款项目（MSLP）、市政流动性工具（MLF）等多种工具，向金融机构、企业、居民、地方政府等提供广泛的大规模融资支持。此外，为缓解海外市场美元流动性紧张，美联储降低与5家央行①常备货币互换安排的资金成本，并将互换范围临时扩展至其他9家央行②。欧央行新设流动性便利，由一系列非定向疫情紧急长期再融资操作（PELTRO）组成。英格

① 包括欧央行、英格兰银行以及日本、加拿大、瑞士央行。

② 包括新西兰、澳大利亚、巴西、丹麦、韩国、挪威、瑞典、墨西哥央行及新加坡金融管理局。

兰银行新设定期融资计划，强化降息传导，鼓励向实体经济尤其是中小企业发放贷款；同意英国财政部暂时延长使用在英格兰银行的透支账户，必要时向政府提供短期额外流动性；启动或有定期回购工具，以补充现有的英镑流动性安排。日本央行通过特别资金供给操作向金融机构提供贷款以促进企业融资。韩国央行将银行中介贷款支持工具的上限提高了10万亿韩元，以增加中小企业融资可得性。俄罗斯央行推出5000亿卢布中小企业贷款便利以支持就业，并临时推出长期再融资工具。

三、金融监管政策增加合规灵活性，提高监管容忍度

为应对疫情影响，国际标准制定机构推迟部分国际标准实施时间或允许相关经济体在执行国际监管标准方面充分运用其中的灵活性。主要经济体金融监管部门采取一系列措施，与财政、货币政策相配合，提高金融机构发放贷款和吸收损失的能力，支持实体经济。

一是释放资本和流动性缓冲。已实施逆周期资本缓冲的所有金融稳定理事会（FSB）成员经济体都部分或完全释放该项缓冲。欧盟、日本等经济体还释放了资本留存缓冲或系统重要性银行缓冲，并暂时降低流动性覆盖率要求，鼓励存款类机构利用释放的资本和流动性缓冲发放贷款。此外，多个经济体建议或要求银行暂停分红派息和股票回购，以使银行保留资本。

二是修改杠杆率规则。部分经济体暂时修改了杠杆率规则。如美国在计算银行控股公司杠杆率时，暂时将美国国债和在联邦储备银行的存款排除在表内外资产余额之外；将社区银行杠杆率要求降至8%。加拿大2021年4月底前将银行持有的主权发行证券排除在杠杆率计算之外。

三是暂停或推迟执行监管改革措施。巴塞尔银行监管委员会（BCBS）将修订的《巴塞尔协议Ⅲ：危机后改革的最终方案》等标准（如修订的杠杆率框架和全球系统重要性银行缓冲等）的实施日期推迟一年至2023年1月。BCBS和国际证监会组织将非集中清算衍生品保证金要求最后两阶段的实施日期推迟一年至2022年9月。同时，多个经济体暂停实施部分监管改革措施或推迟实施日期，包括净稳定资金比例、总损失吸收能力要求等。

四是提供资产分类指引。国际标准制定机构和一些经济体当局就受疫情影响贷款的资产分类以及会计准则应用事宜提供指引。如欧央行对贷款分类暂时赋予一定灵活性，并表示将采取措施解决贷款损失准备的过度波动以避免监管资本和财务报表的过度顺周期性。俄罗斯允许受疫情影响的中小企业和居民延期偿还贷款，期限最长6个月，并允许银行在2020年9月底前计提损失准备时不将此类贷款归为重组贷款。

五是灵活实施审慎监管要求。一些经济

体在实施审慎监管要求方面采取了一定灵活性。例如，美国为支持紧急流动性工具顺利运行而放松了某些监管要求，并修订资本规则来配合货币市场共同基金流动性工具和薪酬保障计划流动性工具；韩国放宽外汇市场稳定规则以改善外币融资条件。此外，主要经济体监管当局普遍调整工作重点，采取措施减轻金融机构运营负担，延长监管报表提交期限及信息披露期限，调整、减少或推迟了某些现场检查和压力测试等。

六是维护市场正常运行。国际证监会组织强调市场开放和有序运作的重要性，主要经济体当局十分重视维护金融市场基础设施的稳健运行，并对市场波动性实施控制机制，法国、韩国等经济体当局制定临时卖空禁令。

四、政策特点及影响分析

从政策特点看，一是措施规模史无前例。多个经济体的财政、货币应对政策规模远高于2008年国际金融危机时的应对政策规模。如美国推出《冠状病毒援助、救济和经济保障法案》等四项法案，措施规模共计约3万亿美元；日本政府实施规模117.1万亿日元（约为2019年GDP的21.1%）的一揽子紧急经济措施。二是应对措施创新较多。在支持市场流动性的同时，通过扩展定向融资工具的支持范围，货币政策将触角延伸至企业、家庭等资金链末端最终需求方。三是发挥政策协同作用。财政政策侧重民生保障，货币政策侧重流动性支持，分别针对疫情影响下居民和企业收入锐减、流动性紧张等薄弱环节。多个经济体央行创设信贷支持工具时由财政提供资本金或担保，充当吸收损失的第一道防线，体现了货币政策和财政政策的协调配合。四是加大对中小企业的救助力度。主要经济体应对政策均将中小企业作为救助重点，在补贴、贷款担保、减税降费、定向融资支持工具等多种措施中专门列出救助规模，并设置对单个实体的救助金额上限，以保证救助的普惠性。五是支持重点行业和企业。主要经济体均向公共卫生医疗体系投入大量资金，以支持扩大病毒检测、疫苗研发、医疗供给等。同时，对航空业等受疫情影响较大的行业进行救助。例如，韩国宣布设立规模为40万亿韩元的关键产业稳定基金，通过韩国开发银行以贷款、付款担保和投资等方式，支持航空、航运、造船、汽车、通用机械、电力与通信等七大关键行业。

短期来看，上述疫情应对政策取得积极成效。一是在纾困和救助方面较为精准地发挥了作用，有助于保障居民收入水平、降低企业经营成本、缓解经济下行压力。二是实体经济融资情况好转，流动性紧张得到缓解，宏观经济金融环境有所稳定。三是发挥了稳定金融市场、提振信心的作用，市场由疫情蔓延初期的剧烈波动趋于平稳，芝加哥期权交易所波动率指数（VIX）由2020年3月

18日最高的85.47降至6月5日最低的23.54。

长期来看，相关政策的潜在影响不容忽视。一是政府赤字和债务规模大幅上升，打破了很多国家一直以来奉行的财政节约政策，助推全球债务率水平继续攀升，加大金融脆弱性。二是非常规政策工具的大规模出台可能使未来政策边际调控效果弱化。三是在无基本面支撑的情况下助推股市大幅反弹，推高金融市场泡沫。四是溢出效应明显，无限量化宽松政策对于缓解流动性危机虽有治标作用，但对解决经济金融深层次问题的治本效果有限，对全球金融体系将产生明显溢出效应，政策退出也存在挑战。

专题二　扎实推进防范化解重大金融风险攻坚战

防范化解重大风险是党的十九大确定的三大攻坚战之一，是决胜全面建成小康社会的重大举措。按照党中央、国务院的决策部署，在国务院金融稳定发展委员会（以下简称金融委）牵头抓总下，相关部门坚持稳中求进工作总基调，不断强化底线思维和风险意识，持续推进防范化解重大金融风险攻坚战。

一、防范化解重大金融风险攻坚战取得重要成果

2019年以来，按照党中央、国务院确定的基本方针和政策，金融系统认真贯彻落实防范化解重大金融风险攻坚战各项任务部署，取得重要成果。

（一）宏观杠杆率过快上升势头得到遏制

一是宏观上管好货币总闸门。实施稳健的货币政策，强化逆周期调节，2019年末，广义货币供应量（M_2）余额同比增长8.5%，社会融资规模存量同比增长10.7%，与名义GDP增速基本匹配并略高，为经济平稳健康运行和防范风险营造了适宜的货币金融环境。二是推动企业降杠杆。推动市场化债转股投资规模超过1.4万亿元，国有企业资产负债率有所下降。三是合理控制居民部门杠杆过快增长。加强房地产金融审慎管理，督促商业银行保持个人住房贷款合理增长，打击“首付贷”等违规行为。2019年末，个人住房贷款余额30.16万亿元，同比增长16.7%，增速较2016年高位回落约21个百分点。四是配合化解地方政府隐性债务。支持相关部门出台规范融资平台债务融资的政策措施，进一步规范地方政府融资行为，支持地方政府债券发行，优化地方政府债务结构。通过上述措施，宏观杠杆率总体保持稳定，2018年末宏观杠杆率为249.4%，2019年末上升约5个百分点，比2008—2016年年均约10个百分点的涨幅明显下降，宏观杠杆率过快增长势头得到遏制，为应对新冠肺炎疫情加大逆周期调节力度赢得操作空间。

（二）高风险金融机构风险得到有序处置

一是成功接管包商银行。2019年5月，包商银行因出现严重信用风险被依法接管，在各方共同努力下，接管托管工作进展顺利。2020年4月，蒙商银行正式成立并顺利开业。

包商银行将相关业务、资产及负债，分别转让至蒙商银行和徽商银行。存款保险基金根据《存款保险条例》第十八条，向蒙商银行、徽商银行提供部分资金支持，促成蒙商银行、徽商银行顺利收购承接相关业务并平稳运行。总体看，依法果断接管包商银行，在切实保障存款人和其他客户合法权益的同时，坚决打破刚性兑付，防范道德风险，强化市场纪律。二是恒丰银行改革重组工作基本完成。在地方政府和金融管理部门指导下，恒丰银行按照市场化、法治化原则制定实施了改革方案，经过剥离不良、引进战投，股改建账工作于2019年12月顺利完成，标志着恒丰银行市场化重组基本完成。三是积极推动锦州银行改革重组。2019年6月以来，人民银行、银保监会会同辽宁省人民政府推动锦州银行改革重组，增强了市场对锦州银行的信心，改善了市场对中小金融机构的稳健性预期，阻断了风险向其他中小金融机构的传导。2020年7月，锦州银行完成财务重组、增资扩股工作，关键监管指标得到根本性改善，经营重回正轨，标志着锦州银行风险处置和改革重组工作阶段性完成。四是顺利接管天安财险等9家机构。2020年7月，相关监管部门依法接管天安财险、华夏人寿、天安人寿、易安财险、新时代信托、新华信托、新时代证券、国盛证券、国盛期货等9家机构，将坚持分类施策，根据每家机构的风险情况，采取不同化解方式。

（三）企业债务违约风险得到妥善应对

推动银行业金融机构持续加大不良贷款处置力度，近三年累计处置不良贷款5.8万亿元，超过之前八年处置额的总和。有序打破债券市场刚性兑付，不断完善债券违约处置机制，推出到期违约债券转让机制，丰富债券违约处置工具，稳妥应对大型企业债券违约风险。

（四）互联网金融和非法集资等风险得到全面治理

P2P网络借贷等互联网金融风险得到根本性整治。截至2020年6月末，全国在运营网贷机构由高峰时期约5000家压降至29家，借贷规模及参与人数已连续24个月下降。此外，互联网资产管理、股权众筹、互联网保险、虚拟货币交易、互联网外汇交易等领域整治工作已基本完成。严厉打击非法集资等非法金融活动，一些积累多年、久拖未决的非法集资风险得到化解。强化央地协同和部际联动，稳妥有序推进各类交易场所清理整顿攻坚战工作。

（五）防范化解金融风险制度建设有力推进

综合施策整治金融乱象，推动资管新规及配套细则平稳实施，影子银行无序发展得到有效治理。初步建立系统重要性金融机构、金融控股公司、金融基础设施等统筹监管框架，扎实推进金融业综合统计，丰富宏观审慎管理工具箱。新《证券法》开始实施，设立科创板并试点注册制改革持续深入，创业板改革并试点注册制顺利落地，新三板精选层首批企业已挂牌、转板机制正式建立，制定出台全面深化资本市场改革总体方案，资本市场制度建设取得重大突破。出台推动银行业和保险业高质量发展指导意见，金融企业公司治理结构明显改善。

（六）金融业高水平对外开放取得积极成效

取消银行、证券、基金管理、期货、人身险等领域外资股比例限制，不断放宽外资股东资质限制。在企业征信、信用评级、支付等领域给予外资国民待遇，资本市场互联互通不断深化，“沪伦通”正式启动，会计、税收和交易的配套制度不断完善。富时世界国债指数明确将中国债券纳入时间表。2019年外资投资A股积极性明显提高，通过沪深股通累计净买入A股3517亿元。稳步推进金融市场开放，万事达卡进入银行卡清算市场的筹备申请已获批，惠誉成为继标普之后第二家进入中国市场的国际评级公司，高盛和摩根士丹利实现对在华合资证券公司的控股，贝莱德、路博迈等外资金融机构的准入工作正在有序推进。同时，不断完善宏观审慎管理，推动金融监管与金融对外开放统筹协调发展，保持金融市场总体稳定。

（七）金融服务实体经济效能明显提升

推动金融机构回归本源、深耕主责主业，有力支持实体经济发展。一是营造适宜的货币金融环境。运用多种货币政策工具，保持流动性合理充裕。利用改革的办法疏通货币政策传导，推动完善贷款市场报价利率（LPR）形成机制。5家大型商业银行①积极发挥“头雁作用”，2019年普惠型小微企业贷款规模同比增长53.1%、小微企业信贷综合成本下降超过1个百分点，总体上实现“量增、面扩、价降”。二是资本市场服务实体经济能力持续增强。2019年，A股市场首次公开发行（IPO）企业201家，上市融资2489.8亿元，家数和融资规模同比分别增长91.4%、80.7%，上市公司实现再融资超过1万亿元。全面推开H股“全流通”改革，便利企业利用境外资本市场融资发展，32家企业经证监会核准完成境外上市融资，合计融资135.8亿美元。全年公司信用类债券发行规模10.7万亿元，同比增长37.5%。三是新冠肺炎疫情暴发以来，加强货币政策逆周期调节，超预期投放短期流动性。出台进一步强化金融支持防控疫情的30条支持措施，及时开通各类金融服务“绿色通道”，安排专项低成本再贷款资金，全力支持重点医用物资和生活必需品

① 中国工商银行、中国农业银行、中国银行、中国建设银行、交通银行。

生产。适时通过增加再贷款、再贴现额度，增加政策性银行专项信贷额度，支持企业特别是中小微企业分级分区复工复产。四是为进一步提高金融支持政策的“直达性”，出台对小微企业加大信用贷款支持、对中小微企业贷款实施阶段性延期还本付息等政策安排，进一步强化中小微企业金融服务的政策措施，推动金融支持政策更好适应市场主体需要。五是推动地方征信平台建设，探索形成小微企业征信服务“政府主导+市场应用”的“台州模式”和“政府推动+市场主导”的“苏州模式”，促进小微企业融资实现“三升两降”，即获贷率、首贷率、信用贷款比率上升，贷款利率、不良率下降。

二、当前金融风险总体可控，但形势依然严峻复杂

总体看，经过两年多集中整治，重点领域突出风险得到有序处置，系统性风险上升势头得到有效遏制，金融风险趋于收敛，金融业总体平稳健康发展，但当前我国经济金融发展面临的困难和风险挑战仍然较多。从国际看，受疫情持续蔓延冲击，全球产业链供应链循环受阻，国际贸易和投资萎缩，股票、债券、大宗商品等风险资产市场波动加剧，国际经贸摩擦以及地缘政治演变等不确定性因素显著增多。从国内看，受疫情影响，金融稳定形势受到新的挑战。一是疫情冲击下，部分企业特别是民营和小微企业困难凸显，债务违约风险可能上升。二是疫情导致的金融风险可能具有滞后性，后期不良贷款存在上升压力，需关注部分中小金融机构风险进一步恶化。三是疫情发展趋势及影响还存在较大不确定性，需关注股市、债市、汇市运行状况。

三、继续有效防范化解重大金融风险

当前，我国经济基本面长期向好的趋势没有发生改变，金融机构总体运行稳健，宏观政策工具充足，监管体制比较健全，防范化解金融风险经验丰富，金融系统有能力、有信心、有条件战胜各类挑战。下一步，在巩固攻坚战取得的重要成果基础上，相关部门将坚持既定方针政策，把握好抗击疫情、恢复经济和防控风险之间的关系，加大宏观政策调节力度，稳妥推进各项风险化解任务，确保风险总体可控、持续收敛。

一是加强和完善宏观调控，深化金融供给侧结构性改革。稳健的货币政策更加灵活适度，综合运用各种货币政策工具，引导M_2和社会融资规模增速明显高于上年。要坚定不移贯彻新发展理念，深化金融供给侧结构性改革，优化金融体系结构，提升金融体系的适应性、竞争力和普惠性。扎实做好“六稳”工作，全面落实“六保”任务，为全面建成小康社会营造良好环境。

二是改善金融服务，更好支持实体经

济发展。面对经济下行压力和疫情冲击，要有效疏通货币政策传导机制，打通金融资源配置到实体经济的“最后一公里”。坚持和完善疫情应对中一些行之有效的结构性金融政策，便利企业获得贷款。进一步改善对民营、小微企业等实体经济的金融服务，使其贷款可获得性明显提高，综合融资成本明显下降。

三是精准处置重点领域风险，维护金融秩序。继续有序处置重点机构风险。支持中小金融机构多渠道补充资本、完善公司治理，加大不良贷款处置力度，增强金融机构稳健性。平稳有序化解股票质押等风险隐患。完成P2P网络借贷等互联网金融风险专项整治，完善互联网金融风险监测预警体系，健全互联网金融监管长效机制。继续保持高压态势，严厉打击非法集资等非法金融活动。

四是进一步明确和压实各方责任，形成风险处置合力。压实金融机构主体责任，督促其积极开展自救，守住防范化解金融风险的第一道防线。压实地方政府属地风险处置责任和维稳第一责任，加强对本地区金融风险的摸底排查和处置。压实金融管理部门监管责任，加强协调配合，强化信息共享，增强监管有效性。人民银行牵头加强对系统性金融风险的监测、防范、化解和处置，依法依规发挥最后贷款人作用，切实维护金融稳定。

五是补齐监管制度短板，加强金融监管。加快制定金融控股公司监管配套细则，制定系统重要性金融机构监管实施细则，完善金融基础设施监管制度，推动修订《中国人民银行法》《商业银行法》等基础性金融法律制度，加强打击非法金融活动等重点领域的立法工作。积极探索以存款保险为平台，建立市场化法治化的金融机构退出机制。

六是推进金融市场改革，增强市场内在稳定性。深化汇率形成机制改革，保持人民币汇率在合理均衡水平上基本稳定，发挥好汇率调节宏观经济和国际收支自动稳定器的作用。推进资本市场基础性制度改革，有效引导市场预期，打造规范、透明、开放、有活力、有韧性的资本市场。加强债券市场统筹管理，按照分类趋同原则，推动统一公司信用债发行准入、信息披露、违约处置规则以及评级行业标准。

七是深化金融业对外开放，提升全球竞争力。积极稳妥推动金融业对内对外自主开放。落实好已出台的金融开放措施，研究推出新的金融改革开放措施。推动全面落实准入前国民待遇加负面清单制度，设定统一的准入标准，推动系统化、制度化开放。不断完善营商环境，平等对待各类所有制市场主体，发挥竞争制度的基础性作用。将扩大开放与加强监管密切配合，有效防范和化解金融风险。

专题三　大型企业风险监测

大型企业经营状况对经济增长、产业结构、金融环境、就业税收等有重要影响。加强大型企业的风险监测、严防风险向金融体系传染对维护区域金融稳定具有重要意义。2013年起，人民银行建立大型企业风险监测机制，完善金融风险防范和预警体系，提升金融风险监测的系统性和前瞻性，降低发生区域性、系统性金融风险的可能性。

一、大型企业风险监测分析

第四次全国经济普查结果显示，2018年末，我国共有1811万家企业法人单位，其中，约3万家为大型企业法人单位①。大型企业资产总额119.6万亿元，占全部企业资产的22.9%，实现全年人均营业收入145.7万元。大型企业资金产值率②73.41%，比中型、小型和微型企业分别高31.3个、32.5个和61.6个百分点。大型企业普遍具有市场份额大、就业职工多、供应链长等特点，在实体经济中占有重要地位。

部分大型企业股权关系错综复杂，关联企业众多，融资金额大且涉及多家金融机构，对区域金融稳定具有重要影响。2013年，人民银行开始对大型企业出险情况进行监测，加强预警、研判。截至2019年末，全国共有575家大型企业出险，其中，460家企业出现严重流动性困难、120家企业未兑付已发行债券、27家企业股权被冻结、67家企业申请破产重整。575家出险企业融资规模为3.88万亿元，其中6462亿元已被纳入不良资产。

从行业看，出险企业主要集中在制造业（241家）、批发和零售业（87家）以及交通运输、仓储和邮政业（51家），融资规模分别为1.3万亿元、4932亿元和5704亿元（见图1-14）。从经营状况看，272家出险企业资产负债率为70%以上，处于高负债运营状态，融资规模2.6万亿元。其中，97家企业已严重资不抵债。从担保情况看，575家出险企业担保余额共计1.6万亿元，或有债务总额相当于融资总规模的四成。

① 大型企业法人单位是指单位规模根据《统计上大中小微型企业划分办法（2017）》规定计算，不含以下行业的单位：铁路运输业、金融业、房地产租赁经营、教育、卫生、公共管理、社会保障和社会组织、国际组织。

② 资金产值率为营业收入与资产总额的比率。

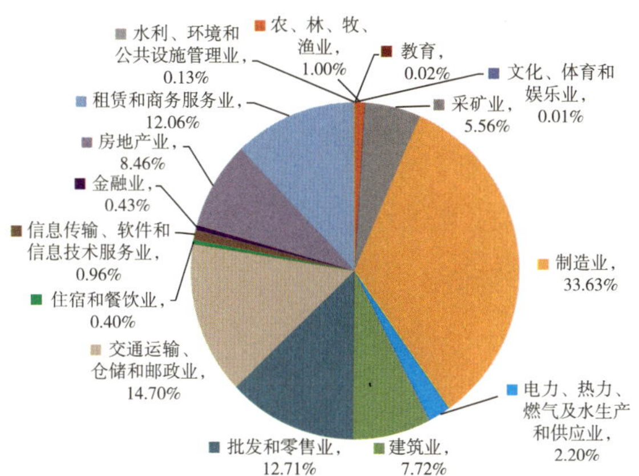

图1-14 出险企业行业分布（按融资规模计算）

大型企业出险通常为多因素累加的结果，主要体现为以下方面。一是盲目扩张，债务风险累积。企业在经济上行期盲目进行跨行业、跨境业务布局，大量进行融资，超出承受能力。某集团投入近千亿元建设项目，但因原材料成本攀升、技术不完备等未达预期利润，连续三年亏损，有息负债300余亿元，偿债压力较大。二是公司治理和内部管理存在严重问题。出险企业普遍存在股东占款、集团内部债务混同、隐匿关联交易、披露信息失实等问题。某集团与其子公司法人财产不分、人事交叉、互联互保，集团90%的对外负债由个别核心企业集中承担，违约债务近200亿元。三是股权质押风险突出。股东重复质押企业股权，一旦质押融资违约，企业面临股权被强制处置、实际控制权变更等风险。四是存在以贷养贷、以贷养息现象。经济下行期企业资金回流慢，依赖滚动贷款而非营业收入作为还款来源。某集团融资总规模的95%为贷款，由于建筑工程收入未按期回款，还贷出现困难。银行停止续贷后，企业资金链断裂。

二、积极化解大型企业风险

截至2019年末，全国70%的出险企业已成立债权人协调机制委员会（以下简称债委会）。为更好化解大型企业风险，应在以下方面加大工作力度。

持续深化企业改革。企业要明确发展定位，强化公司治理，严防大股东占款，规范关联交易，夯实稳健发展的基础。

分类施策化解风险。盲目扩张、粗放经营的企业要主动瘦身，专注主业；资金链紧张的企业要及时调整债务结构，加大资产处置力度，加快资金周转；发展前景良好但暂时遇到困难的企业可通过引进战略投资者、改革重组、市场化债转股等方式化解债务风险；产能过剩行业企业要加大兼并重组力度，整合资源，减少同质化无序竞争和资源浪费；救治无望的“僵尸企业”应依司法程序进行破产清算，实现市场出清。

拓宽不良资产处置渠道和处置方式。推动金融资产管理公司改革，加大不良资产收购力度。发展不良资产处置市场，加快不良资产交易平台和拍卖平台建设。

建立健全多元化的债券违约处置机制。积极落实《关于公司信用类债券违约处置有关事宜的通知》，维护债券市场融资功能，依法保障债券持有人合法权益，加大投资者保护力度。丰富市场化债券违约处置机制，支持各类债券市场参与主体通过合格交易平台参与违约债券转让活动。

充分发挥债委会作用。推动出台效力更强的制度文件，明确债委会以及地方政府、监管部门、金融机构和企业的职责，增强债委会对成员单位的约束力。

完善企业破产法律体系。发挥破产法庭作用，实现案件审理的专业便捷化，加快企业重整、清算进程，避免处置周期过长导致企业资产贬值。

第二部分

金融业稳健性评估

2019年，面对日益错综复杂的国内外经济金融环境，我国金融业总体稳健运行，金融机构资产负债规模稳步增长，盈利能力基本稳定，风险抵补能力持续增强，金融市场运行总体平稳，股票质押融资风险下降。与此同时，银行业资产质量下迁压力加大、上市公司财务造假案件时有发生等方面问题值得关注。

一、银行业稳健性评估

资产负债规模平稳增长。截至2019年末，银行业金融机构资产总额290.00万亿元，同比增长8.14%，增速比上年上升1.86个百分点；负债总额265.54万亿元，同比增长7.71%，增速比上年上升1.83个百分点（见图2-1）。

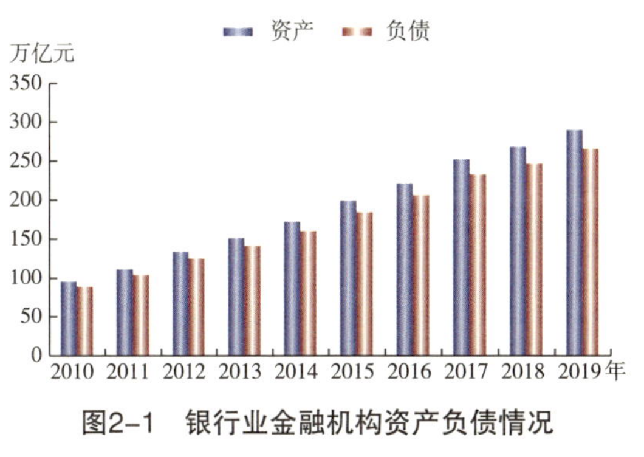

图2-1 银行业金融机构资产负债情况

（数据来源：中国银保监会）

存贷款增速继续保持平稳。截至2019年末，金融机构本外币各项存款余额198.16万亿元，同比增长8.57%，增速比上年上升0.78个百分点；金融机构本外币各项贷款余额158.60万亿元，同比增长11.89%，增速比上年下降0.95个百分点（见图2-2）。

图2-2 银行业金融机构人民币信贷变化情况

（数据来源：中国人民银行、国家统计局）

利润继续保持增长，盈利能力有所下降。2019年，银行业金融机构实现净利润2.40万亿元，同比增长4.88%，增速比上年上升1.06个百分点。银行业金融机构净息差2.07%，与上年持平；非利息收入占比24.23%，同比下降0.66个百分点（见图2-3）。截至2019年末，银行业金融机构资产利润率0.86%，同比下降0.02个百分点，资本利润率10.39%，同比下降0.70个百分点，盈利能力整体较上年有所下降。

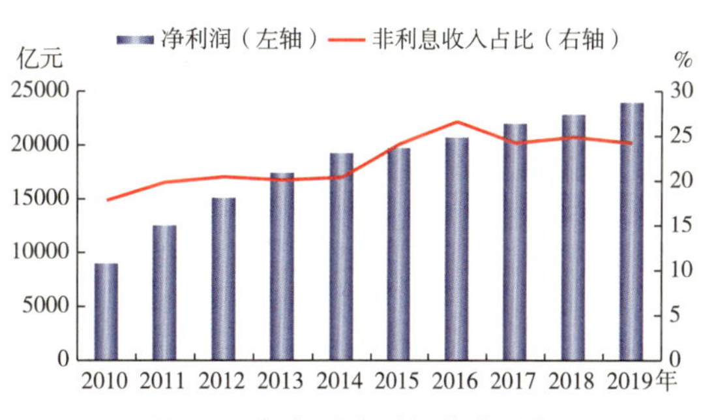

图2-3 银行业金融机构净利润和非利息收入占比变化趋势

（数据来源：中国银保监会）

资本充足水平稳中有升。截至2019年末，商业银行核心一级资本充足率为10.92%，同比下降0.11个百分点；一级资本充足率为11.95%，同比上升0.36个百分点；资本充足率为14.64%，同比上升0.45个百分点，资本较为充足（见图2-4）。

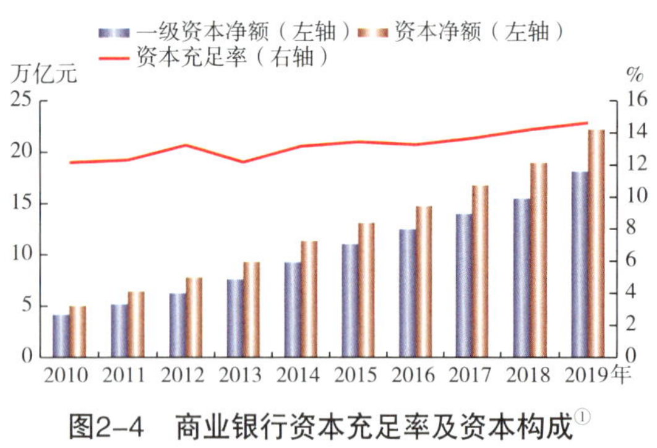

图2-4　商业银行资本充足率及资本构成[①]

（数据来源：中国银保监会）

流动性整体合理充裕。截至2019年末，商业银行流动性比例为58.46%，同比上升3.15个百分点；流动性缺口率为4.07%，同比上升3.46个百分点；资产规模在2000亿元以上的商业银行流动性覆盖率为146.63%，同比上升8.62个百分点；净稳定资金比例为122.33%，同比上升0.88个百分点。

不良贷款小幅增长，资产质量下迁压力加大。截至2019年末，银行业金融机构不良贷款余额3.19万亿元，同比增加3498亿元，不良贷款率1.98%，同比上升0.01个百分点。其中，商业银行不良贷款余额2.41万亿元，同比增加3881亿元；不良贷款率1.86%，同比上升0.03个百分点。银行业金融机构关注类贷款余额5.59万亿元，同比增加3207亿元，增幅6.09%，资产质量下迁压力加大（见图2-5）。此外，逾期90天以上贷款余额2.59万亿元，同比增加1084亿元，增幅4.37%；逾期90天以上贷款余额与不良贷款余额比值81.18%，同比下降6.18个百分点，银行业金融机构对于不良贷款的认定更趋审慎。

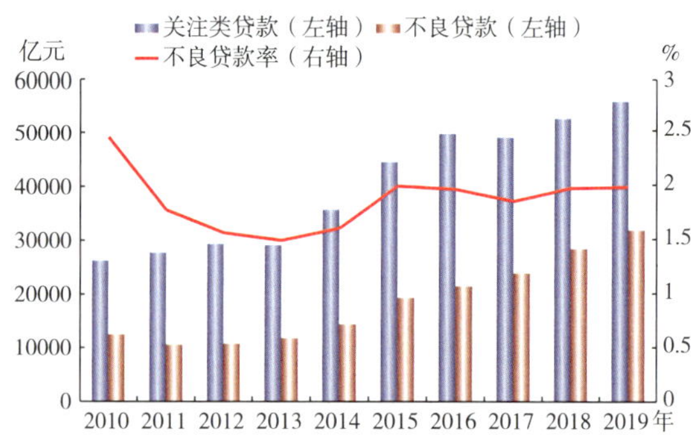

图2-5　银行业金融机构关注类贷款及不良贷款变化情况

（数据来源：中国银保监会）

银行业风险抵补能力较强。截至2019年末，银行业金融机构贷款损失准备余额5.84万亿元，同比增加6748亿元，增幅13.08%；拨备覆盖率182.82%，同比上升1.24个百分点；贷款拨备率3.61%，同比上升0.04个百分点。

二、保险业稳健性评估

保险业资产平稳增长，保险密度和保险深度上升。截至2019年末，保险业总资产20.56万亿元，同比增长12.18%，增速较上年上升2.73个百分点（见图2-6）。其中，

① 2013年开始，资本充足率按照《商业银行资本管理办法（试行）》计算。

人身险公司总资产16.96万亿元，同比增长16.08%；财产险公司总资产2.29万亿元，同比下降2.32%；再保险公司总资产4261亿元，同比增长16.75%。保险密度和保险深度分别为3046元和4.30%，较上年分别增加321元和0.08个百分点，与国际水平相比，仍存在较大差距。

资产配置基本稳定，投资收益率有所提高。截至2019年末，保险业资金运用余额18.53万亿元，较上年末增长12.91%，增速较2018年上升3.46个百分点。资产配置中，银行存款、其他投资占比下降，债券、股票和证券投资基金占比上升（见表2-1）。受全年股票市场回暖等影响，保险业投资收益上升至8824亿元，同比增长28.65%；资金运用平均收益率4.94%，同比上升0.61个百分点，但仍低于5.14%的近10年平均收益率（见图2-7）。

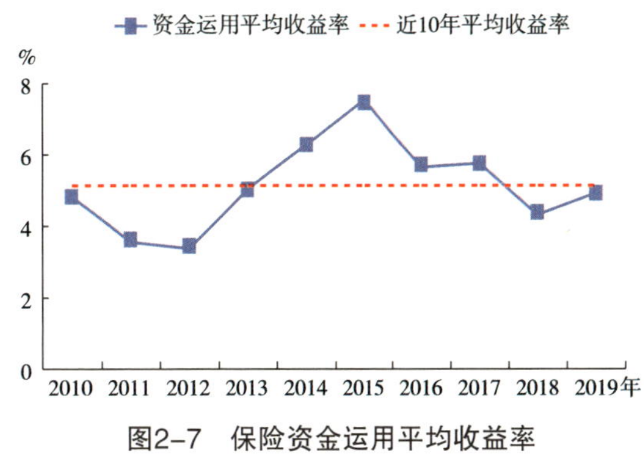

图2-7　保险资金运用平均收益率

（数据来源：中国银保监会）

表2-1　保险资金运用情况（截至2019年末）

投资结构	银行存款	债券	股票和证券投资基金	其他投资
规模（亿元）	25227	64032	24365	71647
占比（%）	13.62	34.56	13.15	38.67
同比变动（个百分点）	-1.23	0.20	1.44	-0.41

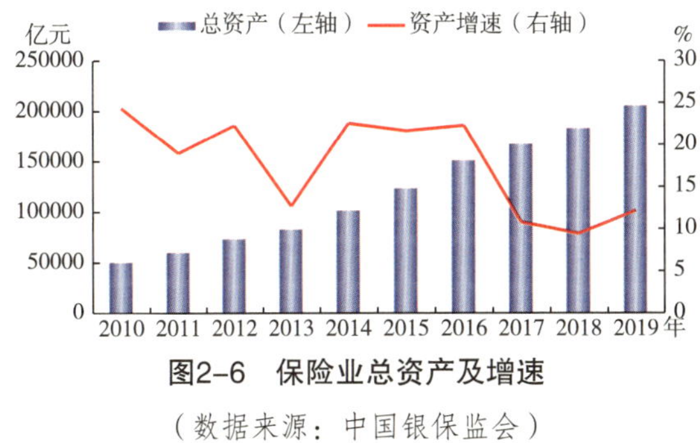

图2-6　保险业总资产及增速

（数据来源：中国银保监会）

市场集中度基本稳定，保险公司盈利能力有所好转。2019年，前五大人身险公司[①]保费市场份额为53.93%，比上年下降1.91个百分点；人身险赫芬达尔指数[②]为0.085，与上年大体持平。前五大财产险公司[③]保费市场份额和财产险赫芬达尔指数分别为73.78%和0.1722，与上年大体持平。在2019年保险业整体利润大

① 前五大人身险公司包括中国人寿、平安寿险、太保寿险、华夏人寿、太平人寿。

② 赫芬达尔指数（HHI）是行业内所有机构市场份额的平方和。HHI的值越高，说明市场集中度越高。

③ 前五大财产险公司包括人保财险、平安产险、太保产险、中国人寿财险、中华财险。

幅增长的背景下，亏损保险公司数量有所减少，财产险和人身险公司中，亏损公司数量占比分别为32.94%和31.71%，同比分别下降8.04个和9.41个百分点。

人身险公司转型升级取得进展，保费收入增速回升。人身险公司在2018年监管政策趋严的背景下主动转型，2019年普通寿险恢复性增长，增速显著回升，保费收入同比增长14.83%，增速较上年同期大幅提升44.32个百分点。2019年人身险公司保费收入同比增长12.82%，增速较上年上升11.97个百分点（见图2-8）。人身险公司全年退保率4.97%，较上年下降1.86个百分点。

人身险公司税前利润持续增长，净利润大幅增长。受益于投资收益大幅上升、退保和赔付支出下降等因素，人身险公司2019年税前利润2396.26亿元，同比增长41.15%（见图2-8）；在保险企业手续费及佣金支出税前扣除政策利好[①]下，2019年实现净利润2429.19亿元，同比大幅增长108.40%。

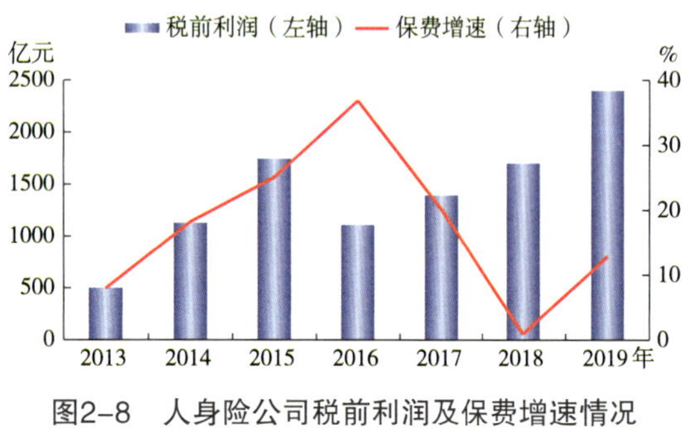

图2-8　人身险公司税前利润及保费增速情况

（数据来源：中国银保监会）

财产险公司保费增长平稳，非车险增长较快。2019年，财产险公司保费收入1.30万亿元，同比增长10.72%，增幅较上年下降0.80个百分点。受汽车销售持续低迷影响，车险业务增长缓慢，保费增长4.52%，低于财产险总体增长率，占财产险总保费的比重降至62.91%，比上年下降3.73个百分点。随着非车险需求逐步释放及保险业加强培育新增长点，非车险业务[②]增长明显，增速达23.11%，其中健康险增长47.68%，占财产险总保费的比重增至6.46%，比上年增加1.62个百分点。

财产险公司综合成本率略降，利润大幅增加。2019年，财产险公司综合成本率99.98%，比上年下降0.15个百分点，扭转了承保亏损的局面。非车险综合成本率102.92%，承保亏损101.44亿元，其中，由于赔付支出大幅增长，信用险、保证险、健康险亏损较多。在投资收益拉动下，2019年财产险公司全年税前利润634.58亿元，同比增长34.11%（见图2-9）；在手续费及佣金支出税前扣除政策利好下，2019年实现净利润619.51亿元，同比增长147.24%。

① 根据2019年5月财政部、国家税务总局联合发布的《关于保险企业手续费及佣金支出税前扣除政策的公告》（财税〔2019〕72号），保险企业发生与其经营活动有关的手续费及佣金支出，不超过当年全部保费收入扣除退保金等后余额的18%的部分，在计算应纳税所得额时准予扣除；超过部分，允许结转以后年度扣除。而此前，财产险和人身险分别不超过15%和10%的部分准予扣除；超过部分不得扣除。该政策对2018年所得税汇算清缴适用。

② 非车险业务包括企业财产险、家庭财产险、工程险、责任险、保证险、农业险、健康险、意外险等。

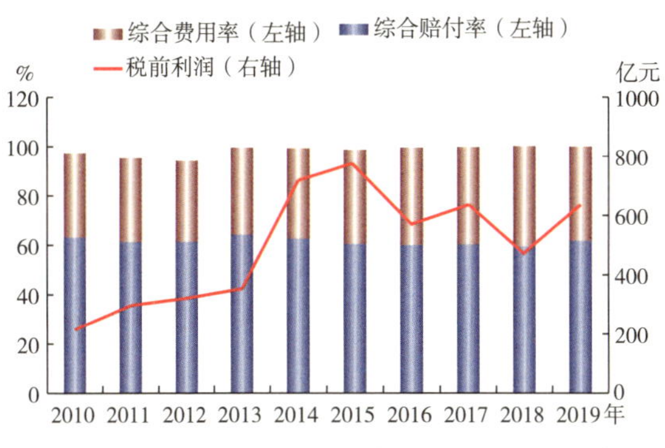

图2-9　财产险公司承保业绩及税前利润变化情况

（数据来源：中国银保监会）

偿付能力总体充足，公司治理水平有待进一步提高。截至2019年末，保险业综合偿付能力充足率和核心偿付能力充足率分别为247.7%和236.8%，远高于100%和50%的监管标准。从风险综合评级看，2019年第四季度低风险的A类公司和B类公司分别为103家和69家，偿付能力充足率不达标或偿付能力充足率虽然达标但风险较高的C类和D类公司仅分别为4家和1家。部分保险公司存在股东随意干预经营以及不当关联交易等公司治理问题，一些保险公司股权、高管变更频繁，对经营造成很大影响。少数保险公司股权关系复杂，隐藏股东关联关系。

三、证券业稳健性评估

（一）证券公司盈利同比上升，股票质押融资风险下降

截至2019年末，全国共有证券公司133家，较上年增加2家，其中上市证券公司35家，较上年增加2家。证券公司资产总额7.26万亿元，同比增长15.97%；净资产总额2.02万亿元，同比增长6.88%；净资本总额1.62万亿元，同比增长3.18%，增速由负转正（见图2-10）。

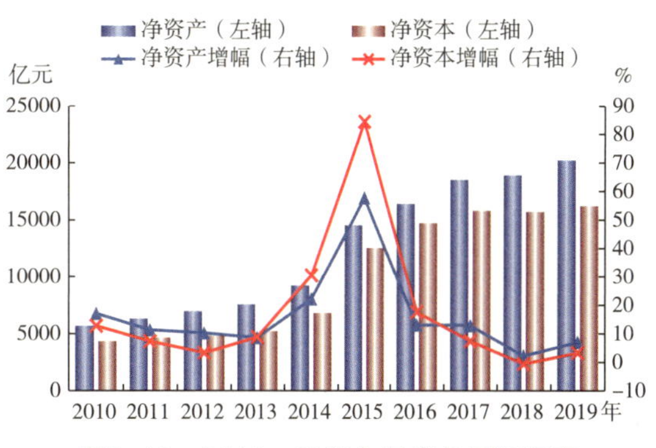

图2-10　2010—2019年证券公司净资产和净资本变化情况

（数据来源：中国证监会）

证券公司盈利状况好转。2019年，全行业实现营业收入3604.83亿元，同比增长35.37%，较上年增长明显。其中，证券投资收益（含公允价值变动）1221.60亿元，同比增长52.65%；代理买卖证券业务净收入（含席位租赁）787.63亿元，同比增长26.34%；利息净收入463.66亿元，同比增长115.81%；证券承销与保荐业务净收入377.44亿元，同比增长46.03%；资产管理业务净收入275.16亿元，同比增长0.06%；投资咨询业务净收入37.84亿元，同比增长20.05%；财务顾问业务净收入105.21亿元，同比下降5.64%。全行业实现净利润1230.95亿元，同比增长84.77%（见图2-11）。

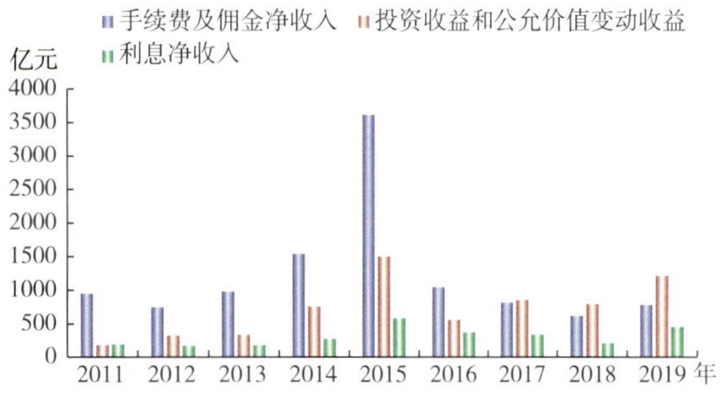

图2-11　2011—2019年证券公司各项业务收入变化情况

（数据来源：中国证监会）

股票质押融资风险下降。随着股票质押风险防范化解各项工作有序推进，加之2019年A股市场运行整体平稳，截至2019年末，A股上市公司股票质押规模5790亿股，较上年下降8.76%，十年来首次出现下降（见图2-12），股票质押融资爆仓风险下降。

图2-12　上市公司股东股票质押规模和同比增速

（数据来源：中国证券登记结算有限公司）

（二）基金公司管理规模持续增长，货币市场基金风险整体可控

截至2019年末，全国共有公募基金管理公司128家，较上年末新增8家。其中，中外合资公司44家、内资公司84家，共管理公募基金14.77万亿元，同比增长13.35%。其中股票型基金占比8.80%，同比上升2.47个百分点；混合型基金占比12.79%，同比上升2.35个百分点；债券型基金占比18.73%，同比上升1.37个百分点；货币市场基金占比48.19%，同比下降10.25个百分点。2019年已登记私募基金管理人24471家，管理私募基金81739只；基金实缴规模13.74万亿元，同比增长7.51%。

货币市场基金规模占比下降。受无风险利率下降、股票市场上涨等因素影响，货币市场基金规模占公募基金总规模比例得到控制，部分具有系统性影响的货币市场基金规模出现下降（见图2-13）。

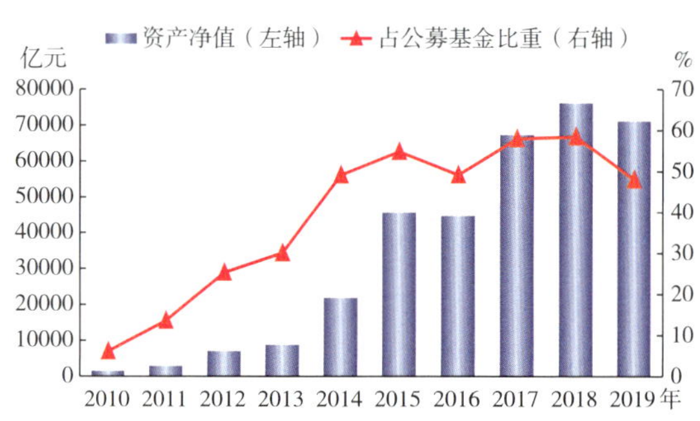

图2-13　2010—2019年货币市场基金资产净值和占公募基金比重

（数据来源：中国证监会）

（三）期货公司发展平稳，新品种上市步伐加快

截至2019年末，我国共有149家期货公司，下设86家风险管理子公司，行业总资产约6450亿元（含客户资产）。已上市期货、期权品种78个，其中商品期货58个、金融期货6个、商品期权10个、金融期权4个。2019年，我国期货市场新品种上市数量为历年之最，上市了红枣、尿素、20号胶、粳米、不锈钢、苯

乙烯、纯碱等7个商品期货和玉米、棉花、天然橡胶、铁矿石、PTA、甲醇、黄金等7个商品期权，同时推出沪深300股指期权、2个沪深300ETF期权。

（四）上市公司业绩增长，财务造假案件时有发生

截至2019年末，沪、深两市共有上市公司3777家，较上年末增加193家，退市18家，其中强制退市9家。总市值和流通市值分别为59.29万亿元和48.35万亿元，同比上升36.33%和36.66%（见图2-14）。流通市值占总市值的比例为81.55%，同比上升0.20个百分点。

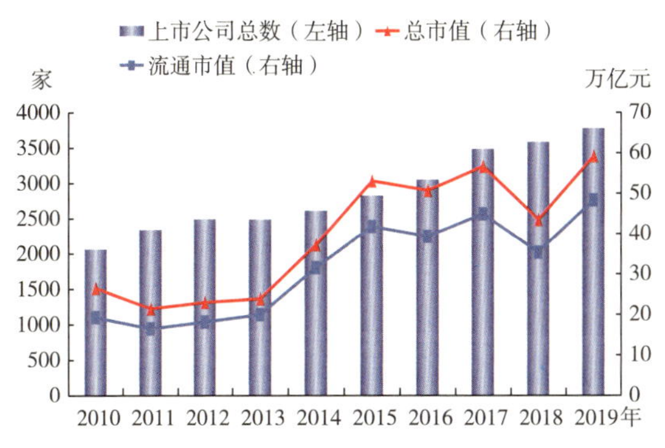

图2-14　2010—2019年上市公司数量和市值

（数据来源：中国证监会）

2019年上市公司业绩增长。截至2020年4月30日，共有3727家上市公司披露2019年年报；117家公司受新冠肺炎疫情影响延期披露年报，但按要求披露了主要经营业绩。其中，盈利3382家（占比88%），亏损462家（占比12%）。已披露年报或主要经营业绩的上市公司实现营业总收入50.6万亿元，同比上升8.7%；实现净利润3.8万亿元，同比上升6.4%。

严厉查处上市公司财务造假。近年来，上市公司信息披露违法事件数量快速增加，其中财务造假案件时有发生。财务造假行为呈现周期长、金额大、系统化、规模化等特点。相关上市公司往往资产质量较差，容易引发质押爆仓、债券违约等风险交叉传导。针对上述问题，监管部门进一步完善监管执法机制，加大信息披露案件查办力度，严厉查处了一批市场高度关注、影响恶劣的重大财务造假大案要案，持续优化市场生态。

四、金融市场稳健性评估

中国金融市场总体运行平稳。2019年，股票市场、债券市场和外汇市场压力水平有所下降，货币市场压力水平保持平稳。金融市场压力指数整体处于温和偏低水平（见图2-15）。

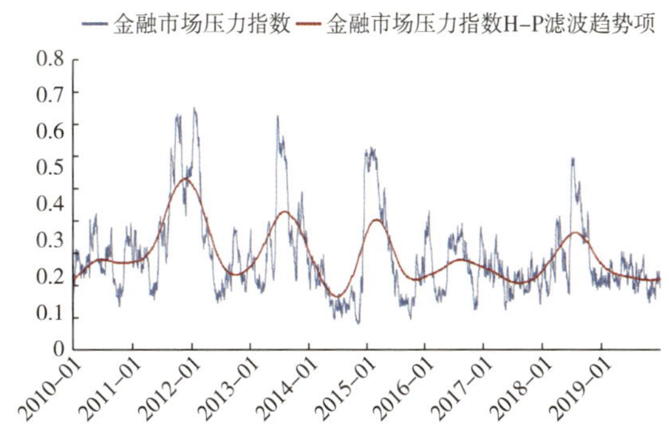

图2-15　2010—2019年金融市场压力指数

（数据来源：中国人民银行）

股票市场上涨，市场压力有所下降。2019年，上证综指上涨22.30%，深证成指上

涨44.08%，总体来看，全年A股市场压力指数下行，年末处于较低水平（见图2-16）。其中，市场波动风险总体下行，年末处于较低水平；估值风险年初略升，全年保持平稳，截至年末，全部AB股、中小板、创业板和科创板滚动市盈率分别为17.5倍、43.47倍、122.47倍和56.83倍，市净率分别为1.59倍、2.67倍、3.96倍和5.15倍。

图2-16 2010—2019年股票市场压力指数

（数据来源：中国人民银行）

货币市场利率下行，市场压力与上年总体持平。2019年，货币市场流动性合理充裕，利率水平稳中有降，总体来看，压力水平与上年末基本持平，处于温和偏高水平（见图2-17）。2019年12月31日，存款类机构隔夜质押式回购加权平均利率较上年末下行80个基点至1.20%；7天质押式回购加权平均利率较上年末上行45个基点至2.65%。上海银行间同业拆放利率（Shibor）总体下行，其中，隔夜Shibor较上年末下行86个基点至1.69%，7天Shibor下行17个基点至2.74%，3个月Shibor下行33个基点至3.02%。

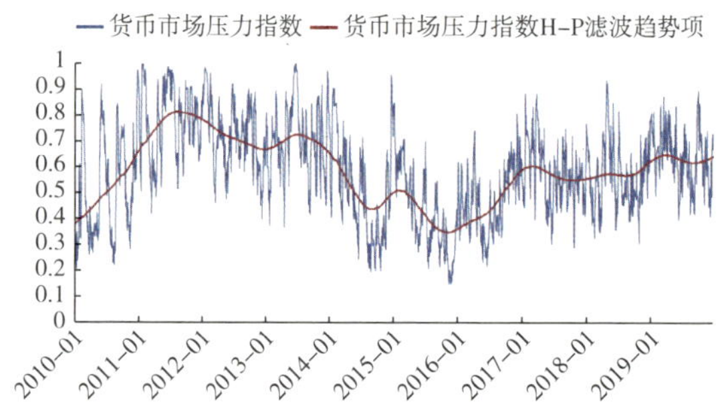

图2-17 2010—2019年货币市场压力指数

（数据来源：中国人民银行）

债券市场信用风险有所缓解，市场压力继续下降。2019年，债券市场压力总体下降（见图2-18），债券市场压力指数三个构成要素中，机构投资者悲观预期有所缓和，信用风险有所缓解，波动风险保持平稳。具体看，1年期和10年期国债期限利差日均为61.16个基点，较上年平均水平上升1.37个基点，但利差波动有所收敛。共182只公司信用类债券发生违约，涉及发行金额1476.04亿元，同比增长22.03%。1年期和5年期AA级中期票据与同期限国债的日均利差分别为99个和175个基点，较上年分别下降75个和27个基点，信用风险溢价总体收窄。

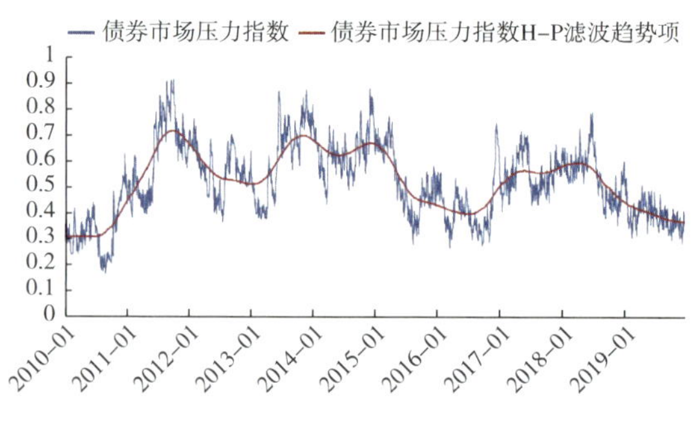

图2-18 2010—2019年债券市场压力指数

（数据来源：中国人民银行）

人民币对美元汇率小幅贬值，外汇市场压力稳中有降。2019年，人民币对美元小幅贬值，人民币对一篮子货币保持基本稳定，双向浮动加大，总体来看，外汇市场压力指数全年稳中有降（见图2-19）。截至年末，人民币对美元汇率在岸市场收盘价报1美元兑6.9662元人民币，较上年末贬值1004个基点，贬值幅度1.44%；人民币对美元汇率离岸市场收盘价报1美元兑6.9617元人民币，较上年末贬值915个基点，贬值幅度1.31%。

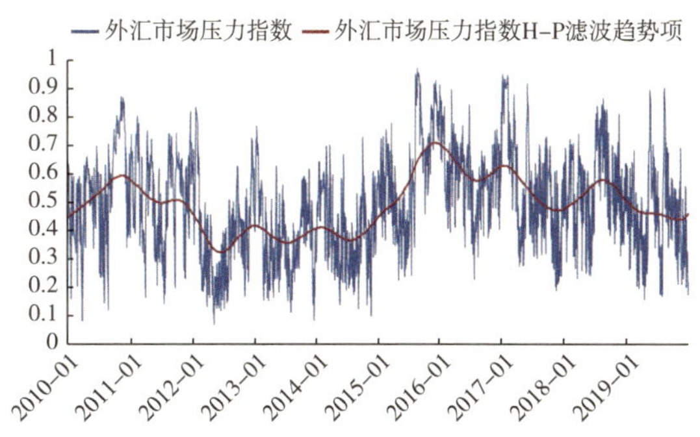

图2-19　2010—2019年外汇市场压力指数

（数据来源：中国人民银行）

专题四　银行业压力测试

受新冠肺炎疫情影响，2020年国内经济下行压力加大，银行信贷资产风险上升。在充分考虑疫情对经济不利冲击的基础上，人民银行选取1550家银行业金融机构开展压力测试，将测试窗口延长至3年，设置极端压力情景，增加受疫情冲击较大领域测试内容，充分评估银行体系在多种“极端但可能”不利冲击下的稳健性状况。

一、压力测试基本情况

参试银行。参试银行共1550家，资产规模合计占银行业金融机构资产规模的78%[①]，包括6家大型商业银行、12家股份制商业银行、98家城市商业银行、534家农村商业银行、268家农村信用社、8家农村合作银行、573家村镇银行、12家民营银行和39家外资法人银行。

测试方法。测试包括偿付能力宏观情景压力测试、偿付能力敏感性压力测试和流动性风险压力测试。偿付能力宏观情景压力测试仅对资产规模8000亿元以上的30家大中型商业银行开展，包含信用风险和市场风险，结合压力情景考察宏观经济不利冲击对参试银行2020年末、2021年末、2022年末资本充足水平的影响。人民银行根据参试银行数据，构建宏观经济与银行信贷资产质量的传导模型，测算压力情景下信用减值损失、净利息收入损益、债券估值损益和外汇敞口损益等，进而评估对资本充足水平的影响。偿付能力敏感性压力测试考察整体及重点领域风险状况恶化对银行资本充足水平的瞬时不利影响。流动性风险压力测试考察政策因素、宏观经济因素、突发因素等多种流动性风险压力因素对银行各到期期限的现金流缺口的影响。

压力情景[②]。偿付能力宏观情景压力测试设置轻度、中度和极端三个压力情景，宏观情景指标包含国内生产总值（GDP）同比增速、居民消费价格指数（CPI）涨幅、短期及长期市场利率和人民币对美元汇率等（见表2-2）。偿付能力敏感性压力测试以整体信贷资产和重点领域的不良贷款率、不良资产率、损失率、收益率曲线变动等作为压力

① 测试数据截至2020年第一季度末。

② 压力情景根据宏观经济计量模型设定，不代表人民银行对宏观经济的判断。

指标（见表2-3）。流动性风险压力测试设置轻度和重度压力情景，对不同到期期限的表内资产负债及或有融资义务设置不同的流入率或流失率，计算不同期限下的净现金流缺口。

基本假设。偿付能力压力测试假设银行的资产负债结构保持不变、拨备覆盖率满足100%、所得税率25%，当净利润为正且各级资本充足率满足监管要求时按30%分红。测试期间不考虑宏观政策支持、不良贷款处置以及外源资本补充。流动性压力测试假设银行持续经营，即银行不会损害与其重要客户的关系、不会产生重大的业务中断。

通过标准。对于偿付能力宏观情景压力测试，若参试银行受冲击后的核心一级资本充足率、一级资本充足率和资本充足率任何一项低于7.5%、8.5%和10.5%的监管要求（包含2.5%的储备资本要求），则未通过压力测试。对于偿付能力敏感性压力测试，若参试银行受冲击后的资本充足率低于10.5%，则未通过压力测试。在流动性风险压力测试中，当压力情景下参试银行出现现金流缺口（现金流出超过现金流入）时，银行应采取措施，将合格优质流动性资产变现或质押给央行获得流动性以弥补缺口，若全部可动用的合格优质流动性资产均已耗尽仍无法弥补缺口，则未通过压力测试。

表2-2　　偿付能力宏观情景压力测试下GDP同比增速

年份	轻度冲击	中度冲击	极端冲击
2020	1.59%	-0.24%	-2.89%
2021	7.80%	6.81%	4.75%
2022	5.91%	5.36%	4.26%

注：其他宏观指标依据宏观经济计量模型设定。

表2-3　　偿付能力敏感性压力测试情景

测试内容	压力情景
整体信贷资产风险	•冲击1：不良贷款率上升100%[①] •冲击2：不良贷款率上升200% •冲击3：不良贷款率上升400% •冲击4：50%的关注类贷款转移至不良贷款 •冲击5：100%的关注类贷款转移至不良贷款
房地产贷款风险	•冲击1：房地产开发贷款[②]和购房贷款[③]不良率均增加5个百分点[④] •冲击2：房地产开发贷款和购房贷款不良率分别增加10个和7个百分点 •冲击3：房地产开发贷款和购房贷款不良率分别增加15个和10个百分点
受疫情影响较大领域贷款风险	•冲击1：批发和零售业，住宿和餐饮业，文化、体育和娱乐业中小微企业[⑤]50%的正常贷款劣变为不良贷款 •冲击2：进出口企业[⑥]50%的正常贷款劣变为不良贷款 •冲击3：中小微企业不良贷款率上升400%

续表

测试内容	压力情景
地方政府债务[⑦]风险	•冲击1：不良资产率增加5个百分点 •冲击2：不良资产率增加10个百分点 •冲击3：不良资产率增加15个百分点
客户集中度风险	•冲击1：最大1家非同业集团客户违约，违约损失率60% •冲击2：最大3家非同业集团客户违约，违约损失率60% •冲击3：最大5家非同业集团客户违约，违约损失率60%
投资损失风险	•冲击1：国债、政策性金融债收益率曲线上移250个基点 •冲击2：非政策性金融债收益率曲线上移400个基点 •冲击3：非金融企业债收益率曲线上移400个基点 •冲击4：其他投资账面余额损失10%
表外业务[⑧]信用风险	•冲击1：发生垫款的表外业务敞口余额占比5%，保证金比例50% •冲击2：发生垫款的表外业务敞口余额占比10%，保证金比例50% •冲击3：发生垫款的表外业务敞口余额占比15%，保证金比例50%

注：①假设初始不良贷款率为X%，则上升n%后不良贷款率为X%（1+n%）。

②房地产开发贷款包括地产开发贷款和房产开发贷款，地产开发贷款涵盖政府土地储备机构贷款，房产开发贷款包括住房开发贷款、商业用房开发贷款和其他房产开发贷款，其中住房开发贷款涵盖保障性住房开发贷款。

③购房贷款包括企业购房贷款、机关团体购房贷款和个人购房贷款，企业购房贷款包括企业商业用房贷款和经营性物业贷款，个人购房贷款包括个人商业用房贷款和个人住房贷款。

④假设初始不良贷款率为X%，则增加n个百分点后不良贷款率为（X+n）%。

⑤中小微企业划分标准参照《关于印发中小企业划型标准规定的通知》（工信部联企业〔2011〕300号）中的规定。

⑥进出口企业是指在中国境内获得对外经济贸易主管部门许可的对外贸易经营者。

⑦地方政府债务的风险敞口包含投资地方政府债券，投向政府投资类项目的贷款，通过理财产品、信托投资计划等特定目的载体对地方政府的资金融出以及其他以地方政府财政性资金为还款来源的资金融出。

⑧表外业务敞口参照监管报表G4B−2表外信用风险加权资产计算表（权重法）统计口径，包括等同于贷款的授信业务、与交易相关的或有项目、与贸易相关的短期或有项目、承诺、信用风险仍在银行的销售与购买协议、远期资产购买、远期定期存款、部分交款的股票及证券、银行借出的证券或用作抵押物的证券、其他表外项目、资产证券化表外项目。假设表外业务保证金比例为50%，表外业务发生垫款后，银行垫付资金为超出保证金的部分。

二、偿付能力压力测试结果

（一）宏观情景压力测试

30家参试银行整体抗冲击能力较强。宏观情景压力测试结果显示，30家参试银行整体资本充足水平较高，总体运行稳健。截至2020年第一季度末，30家银行整体资本充足率15.07%。轻度冲击下，2020年末资本充足率降至13.12%，2022年末升至14.01%；中度冲击下，2020年末资本充足率降至12.69%，2022年末升至12.97%，均高于10.5%的监管要求，表明30家参试银行整体对宏观经济冲击具有较强的抵御能力。在极端冲击下，30家银行整体资本充足率在2020年末将大幅降至9.61%，在不考虑外源资本补充的情况下无法满足监管要求（见图2-20）。

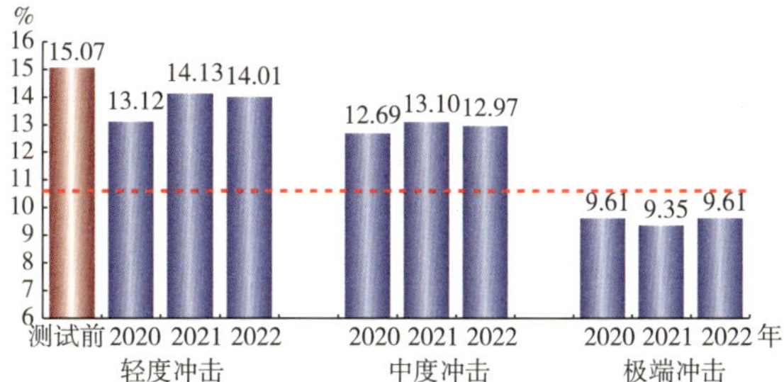

图2-20　宏观情景压力测试整体资本充足率情况

参试银行个体风险抵御能力有所差异。在轻度、中度、极端冲击下，2020年末分别有10家、13家、21家银行未通过测试，经由两年的利润留存补充资本，2022年末轻度和中度冲击下未通过测试银行家数将分别降至4家和8家，极端冲击下，未通过测试的银行仅靠利润留存无法满足资本充足率的监管要求。若不考虑2.5%的储备资本要求，在轻度、中度和极端冲击下，2020年末未通过测试的银行家数将分别降至2家、5家和15家（见图2-21）。

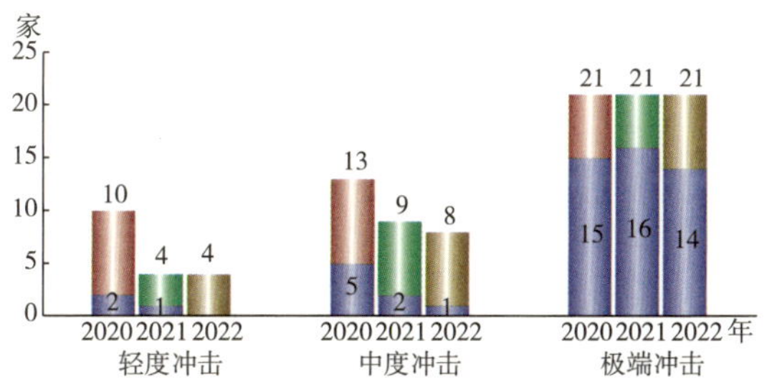

图2-21　宏观情景压力测试下未通过测试银行家数

注：蓝色为不考虑储备资本要求时未通过测试银行家数。

信用风险是影响参试银行资本充足水平的主要因素。在轻度、中度、极端压力情景下，参试银行贷款质量将恶化，不良贷款率大幅上升。若不考虑不良贷款处置，在轻度冲击下，2020年、2021年、2022年末不良贷款率升至4.90%、5.49%、6.73%；在极端冲击下，未来三年末不良贷款率升至10.65%、12.45%、13.36%。银行需增加贷款损失准备计提，资本充足水平将受到较大影响（见图2-22）。

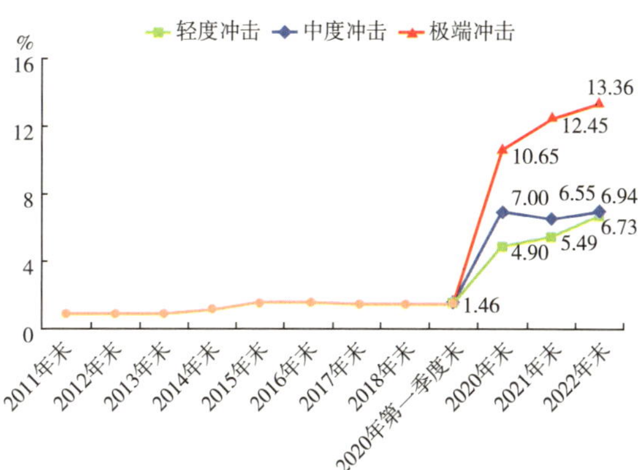

图2-22　宏观情景压力测试不良贷款率测算结果

市场风险对参试银行资本充足水平影响有限。极端情景下，受短期市场利率下行影响，2020年存款利率下降43个基点，其他付息负债和生息资产利率将下降145个基点，参试银行整体净息差将从2020年第一季度末的2.05%降至2020年末的1.67%，导致整体资本充足率下降0.32个百分点；参试银行持有的债券估值上升，使得整体资本充足率上升0.19个百分点。汇率变化对参试银行整体资本充足率影响较小（见图2-23）。

充足的拨备水平和稳定的盈利能力有效缓解资本下降压力。2020年第一季度末，30家参试银行整体拨备覆盖率224.4%，远高于监管要求。2020年第一季度末，30家参试银行整体资产利润率1.01%，高于银行业平均水平。在轻度和中度冲击下，分别有6家和5家银行，虽2020年未通过测试，但依靠自身盈利补充资本，在2022年末资本充足水平恢复至监管要求以上。

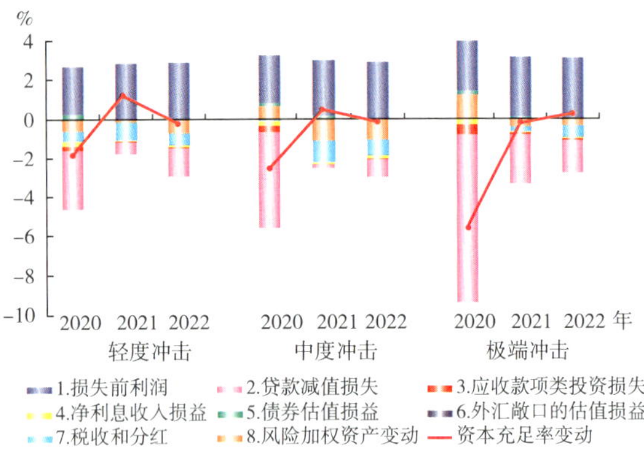

图2-23　资本充足率变化分解情况

（二）敏感性压力测试

截至2020年第一季度末，1550家参试银行各项贷款余额127.19万亿元，整体不良贷款率1.7%，整体资本充足率14.73%。其中，30家大中型银行和1520家中小银行各项贷款余额分别为107.24万亿元和19.95万亿元，整体不良贷款率分别为1.46%和2.99%，整体资本充足率分别为15.07%和12.76%。

大中型银行对整体信贷资产质量恶化的抵御能力较强，部分中小银行的抵御能力较弱。对于30家大中型银行，在整体信贷资产风险压力测试中，整体资本充足率均满足10.5%的监管要求，有较强的信贷风险抵御能力。对于1520家中小银行，若不良贷款率分别上升100%、200%、400%，则整体资本充足率分别降至11.54%、9.51%、5.16%，分别有589、786、977家未通过压力测试，其资产占参试中小银行资产的23.55%、40.30%、62.56%；若50%、100%的关注类贷款转移至不良，则整体不良贷款率分别升至5.53%、8.06%，资本充足率分别降至11.84%、10.14%，分别有579、716家未通过，对应资产占比20.87%、34.61%（见图2-24、图2-25、图2-26）。测算表明，1520家中小银行现有拨备和资本水平可支撑其整体不良贷款率上升4.55个百分点至7.54%，仍可达到拨备覆盖率100%、资本充足率10.5%。

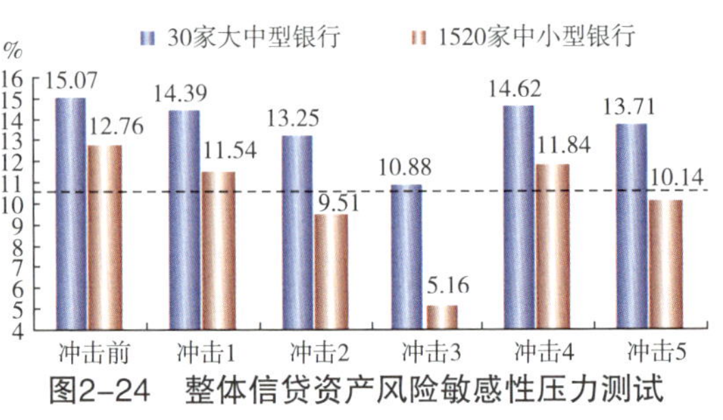

图2-24　整体信贷资产风险敏感性压力测试（不良率上升100%、200%、400%，50%、100%的关注类贷款转移至不良）

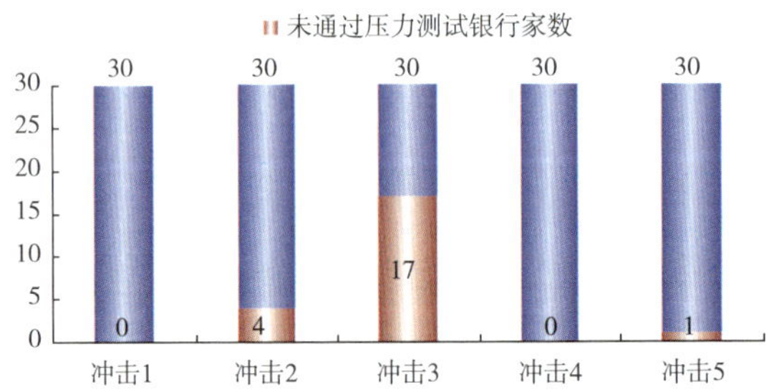

图2-25　30家大中型银行未通过家数

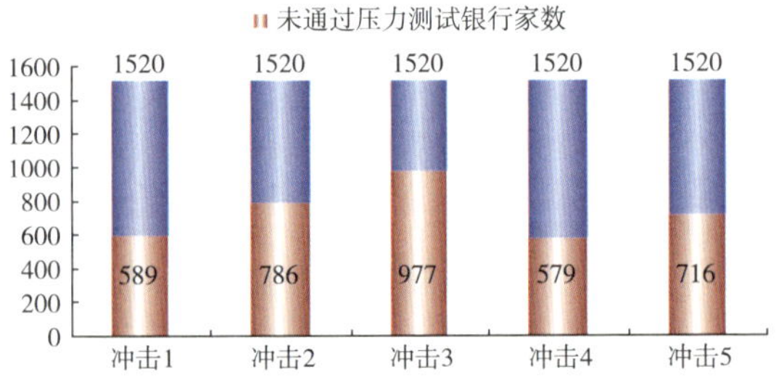

图2-26　1520家中小型银行未通过家数

疫情对部分行业影响较大，对参试银行资本充足水平造成一定负面影响。若批发和零售业，住宿和餐饮业，文化、体育和娱乐业中小微企业50%的正常贷款劣变为不良贷款，1550家参试银行整体不良贷款率上升至4.44%，资本充足率从14.73%下降至13.08%，下降1.65个百分点。若进出口企业50%的正常贷款劣变为不良贷款，参试银行整体不良贷款率升至6.46%，资本充足率降至11.51%，下降3.22个百分点。若全部中小微企业不良贷款率上升400%，参试银行整体不良贷款率升至5.28%，资本充足率下降至12.44%，下降2.29个百分点。

客户集中度、表外业务、地方政府债务、房地产贷款等领域风险值得关注。若最大5家非同业集团客户违约（损失率60%），参试银行整体资本充足率下降至11.89%，下降2.84个百分点。若15%的表外业务发生垫款（保证金比例50%），参试银行整体资本充足率下降至12.33%，下降2.40个百分点。若地方政府债务相关资产不良率上升15个百分点，参试银行整体资本充足率下降至12.45%，下降2.28个百分点。若房地产开发贷款不良率增加15个百分点、购房贷款不良率增加10个百分点，参试银行整体资本充足率下降至12.7%，下降2.03个百分点（见图2-27）。

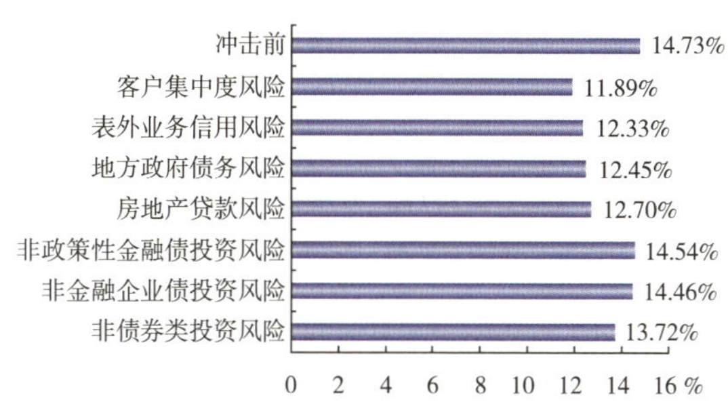

图2-27　重点领域敏感性压力测试结果（最严重冲击）

三、流动性风险压力测试结果

参试银行流动性承压能力整体较强。流动性风险压力测试考察未来7天、30天和90天三个时间窗口下，压力因素对银行资产负债现金流缺口的影响。测试结果显示，参试银行流动性整体充裕，1550家参试银行轻度和重度压力测试通过率分别为94.90%和91.87%，较2019年分别上升2.59和5.45个百分点。其中，轻度情景下，30家大中型银行全部通过测试；重度情景下，有6家银行未通过测试，好于2019年测试结果。

同业依赖高的银行流动性承压能力较差。测试对同业资金设置了高于一般性存款的流失率。从测试结果看，未通过测试的银行对同业资金依赖较高，流动性压力较大，对其资产负债结构、流动性风险管控等方面需重点关注。

专题五　新形势下保险资金运用的挑战及应对

改革开放以来，我国保险业取得了长足的发展，保险资金运用规模不断增长，资金运用效率不断提高，在促进保险业健康发展和支持实体经济等方面都发挥了重要作用。但同时，保险资金也存在长钱短用、大股东占款等问题。随着我国经济由高速增长转向高质量发展阶段，金融供给侧结构性改革进入关键期，经济增速放缓、保险业转型等因素对保险资金运用带来了新挑战。

一、我国保险资金运用的发展状况

一是资金运用规模持续增长。我国目前已成为全球第二大保险市场。随着保费收入的快速增长，保险资金运用规模持续增加。截至2019年末，保险行业资金运用余额达到18.53万亿元，近五年年均增长19.71%。

二是保险资金可投资范围不断拓宽。长期以来，保险资金基于安全性原则，其投资运用受到严格限制，投资范围非常有限。但自2012年开始，保险资金投资渠道不断扩展。2012年将信托计划和银行理财、股指期货等纳入投资范围，2014年增加优先股、创业板股票、创业投资基金等，2015年增加保险私募基金，2016年增加政府与社会资本合作（PPP）项目和沪港通试点，2017年增加深港通试点，2018年增加长租公寓，2019年增加银行二级资本债券和无固定期限资本债券等。目前，我国保险资金可投资债券、股票（权）、金融衍生品等多种资产，可开展跨境投资，资金运用范围已接近国际同业。

三是资金配置结构改善并趋于稳定。随着投资渠道不断拓宽，保险资金配置结构在2013—2016年明显改善，银行存款和债券配置比例逐年下降，其他投资从占比不足20%上升至接近40%，成为保险资金最大投向。2016年后，各类资产配置比例基本保持稳定，截至2019年末，银行存款和债券占比分别为13.62%和34.56%，股票和证券投资基金占比13.15%，其他投资占比38.67%，与上年末基本持平（见图2-28）。

图2-28　保险资金运用情况

（数据来源：中国银保监会）

二、我国保险资金运用存在的问题和风险

当前，国际环境复杂严峻，我国经济面临转型挑战，叠加新冠肺炎疫情冲击，经济下行压力加大。保险资金面临市场利率下行、债券市场违约增加和长久期资产供应不足等挑战，资产配置压力有所加大。

一是资产负债错配，利差损风险上升。随着行业回归保障本源，人身险行业的负债久期进一步拉长，资产负债久期缺口持续扩大。2019年第二季度末，人身险公司负债平均久期13.19年，较2018年底延长2.01年，而资产久期仅延长0.52年达到5.76年，导致久期缺口扩大近2年达到7.43年。在当前利率下行环境下，“长钱短用”问题造成保险公司利差损风险增大，对长期盈利能力、偿付能力均产生负面影响。此外，一些保险公司大量销售高收益理财产品，恶性竞争，进一步增加了刚性负债成本，形成收益缺口，甚至出现“成本收益倒挂”的现象，加大利差损风险。

二是投资收益受股票市场波动影响较大，需要更好平衡风险与收益。2015—2019年，保险资金运用收益率分别为7.56%、5.66%、5.77%、4.33%和4.94%。其中，2015年收益率达到近年最高，主要受益于上半年上证综指涨幅超过60%；2018年收益率降至近年最低，主要归因于上证综指下跌65%，权益类投资损失惨重；2019年，在其他主要投资资产收益率普遍下降的情况下，受益于股票市场上涨，收益率回升至4.94%。总的来看，保险行业发展能力不足，投资经验不丰富，专业人才缺乏，导致投资收益与股票市场的波动高度相关，一些在股票市场上投资激进的中小保险公司表现得尤为明显。

三是固定收益类资产信用风险上升。近年来，债券市场违约事件不断增多，一些发行时资质等级较高、信息透明的主体也面临流动性紧张、无法兑付债券本息的困境。在此背景下，保险资金配置固定收益类资产面临的信用风险加大。此外，保险资产管理公司的不动产抵押登记权资质不明确，发行的债权投资计划缺乏风险保障与缓释的有效手段，增加了产品面临的信用风险。

四是另类投资项目透明度和流动性低，管理难度大。随着保险资金投资范围和规模的不断扩大，另类投资的规模和占比也不断上升。另类投资项目存在相关产品信息披露不规范、缺乏透明度、流动性低等问题。同时，部分保险公司投资交易链条长，底层资产难以穿透。上述问题加大了保险公司的投资风险，并加剧了风险跨行业跨市场传递。

三、政策建议

在保证安全性、收益性和流动性的基础上，保险业应充分发挥保险资金的长期投资优势，与经济发展需求相结合，为实体经济提供长期资金，发挥资本市场稳定器的

作用。

一是立足保险业长期发展，加强资产负债匹配管理。保险公司应牢固树立资产负债匹配理念，严格落实资产负债管理机制，建立产品开发和投资运作联动的投资决策体系和沟通协调机制，打破投资、产品、精算等部门间的壁垒，防范产品定价风险和利差损风险。同时，增加非利率敏感型保险产品，降低负债端的刚性成本。

二是加强另类投资管理能力，更好服务实体经济。面对经济下行压力，保险业应充分利用自身资金长期、稳定的优势，对具有盈利能力但暂时遇到困难的企业提供股权、债权融资支持，也可以优先选择资质较好、信用等级较高的基础设施、不动产进行投资，还可以在养老健康服务产业、新型城镇化、科技创新企业等市场前景广阔、潜力巨大的领域有所作为。同时，针对保险另类投资金额较大、期限较长、操作复杂、风险隐蔽性强的特点，要注重防范投资过程中的法律风险、操作风险和利益输送问题。

三是通过科技赋能等多种方式，加强风险管理。保险公司应加大金融科技创新运用，借助大数据、区块链以及人工智能等科技手段，增强风险识别和量化分析能力，建立有效的风险控制体系。全面开展压力测试，提前制定好极端情形下的应对方案，控制投资的波动性。加快相关领域专业技术和人才的积累，全面提升风险意识和风险管理水平。

四是加强保险资金运用监管，防范金融风险。按照“放开前端、管住中后端”的总体思路，强化对保险公司资产负债管理监管的硬约束，强化资金运用内部控制和信息披露的硬要求，推进资产管理公司法人监管、分类监管、产品监管、行为监管，落实资管新规要求。

五是大力发展债券市场，增加长期债券供给。保险资金债券投资规模巨大，高效规范的债券市场可对保险资金运用提供良好支撑。为解决保险公司“长钱短用”资金错配难题，应进一步完善和优化债券市场结构，增加长期债券供给。在发展基础产品的同时，有序发展与利率相关的期货、期权等衍生产品，为保险公司等机构投资者提供更多选择机会和风险管理手段。

六是全面深化股票市场改革，促进与保险资金的良性互动。在坚持市场化法治化的原则下，系统推进股票市场基础制度改革，提高上市公司质量，强化上市公司治理和信息披露，增强市场的活力和韧性，提升交易便利性和效率，降低交易成本，为保险资金等各类中长期资金提供更好的投资环境。同时，充分发挥保险资金规模大、期限长的优势，为股票市场提供长期稳定的资金。

专题六　公募基金流动性风险压力测试

2020年上半年，人民银行开展2019年度公募基金流动性风险压力测试，评估我国公募基金应对极端赎回冲击的流动性管理能力。

一、压力测试基本情况

测试对象。选取2019年末存续的5906只公募基金进行压力测试。

测试模型。通过考察不同压力情景下参试公募基金应对赎回需求的流动性缺口，评估公募基金在不同程度流动性冲击下的兑付能力。选取净赎回率作为公募基金流动性冲击的代理变量，根据公募基金历史申购赎回数据模拟不同压力情景下公募基金可能面临的赎回需求。将公募基金所持资产分为13类，按流动性不同分别赋予相应权重，根据2019年末公募基金资产负债表数据计算每只公募基金流动性加权资产总额，并对公募基金在投资、运营中因质押融资、费用计提等产生的负债进行扣减，得到可用于兑付赎回需求的流动性加权资产净额。若参试公募基金流动性加权资产净额在压力情景下可以应对赎回需求，则通过压力测试。

压力情景。按照投资对象和投资策略等因素，公募基金可分为普通股票型基金、被动指数型基金、中长期纯债型基金等20个类型，不同类型公募基金历史净赎回率分布之间存在差异。根据历史申购赎回数据对每一类型公募基金按照赎回冲击程度设置轻度和重度2个压力情景，分别对应10%和5%置信水平下的净赎回率水平[①]（见表2-4）。

表2-4　　各压力情景下赎回冲击

基金类型	轻度压力情景	重度压力情景
	净赎回率（%）VaR（0.1）	净赎回率（%）VaR（0.05）
普通股票型基金	30.11	45.67
被动指数型基金	31.24	46.10
增强指数型基金	33.44	55.24

① 因样本区间滚动，2019年度公募基金流动性压力测试各压力情景下的赎回冲击与2018年度略有出入。

续表

基金类型	轻度压力情景	重度压力情景
	净赎回率（%）VaR（0.1）	净赎回率（%）VaR（0.05）
偏股混合型基金	25.70	38.46
平衡混合型基金	12.74	23.42
偏债混合型基金	44.62	62.06
灵活配置型基金	40.72	62.79
中长期纯债型基金	42.08	63.29
短期纯债型基金	60.43	74.00
混合债券型一级基金	39.38	53.79
混合债券型二级基金	42.79	58.02
被动指数型债券基金	44.36	66.37
增强指数型债券基金	55.16	76.44
货币市场型基金	47.91	66.09
股票多空基金	43.00	58.97
商品型基金	33.91	54.08
国际（QDII）股票型基金	28.23	44.11
国际（QDII）混合型基金	23.18	36.89
国际（QDII）债券型基金	30.98	45.76
国际（QDII）另类投资基金	22.90	32.33

数据来源：中国人民银行。

二、压力测试结果

压力测试结果显示，我国公募基金流动性管理能力整体较强，且较上年总体有所提高。在轻度压力情景下，参试公募基金全部通过压力测试。在重度压力情景下，未通过测试的公募基金为52只，占比为0.88%，较2018年度分别下降61只和1.45个百分点。

分基金类型看，债券型基金抗流动性冲击能力相对较弱，混合债券型二级基金抗流动性冲击能力较上年有所下降。在重度压力情景下，短期纯债型基金未通过压力测试的比例最高，占该类型参试公募基金总数的10.24%；混合债券型二级基金未通过压力测试的基金数量最多，为19只（见表2-5），其未通过率较2018年度上升2.03个百分点。

表2-5　　未通过压力测试基金数量和占比

基金类型	参试基金数	未通过数量		占比（%）	
		轻度	重度	轻度	重度
普通股票型基金	323	0	0	0.00	0.00
被动指数型基金	582	0	0	0.00	0.00
增强指数型基金	100	0	0	0.00	0.00
偏股混合型基金	790	0	0	0.00	0.00
平衡混合型基金	59	0	0	0.00	0.00
偏债混合型基金	238	0	4	0.00	1.68
灵活配置型基金	1387	0	4	0.00	0.29
中长期纯债型基金	1157	1	8	0.09	0.69
短期纯债型基金	127	0	13	0.00	10.24
混合债券型一级基金	96	0	0	0.00	0.00
混合债券型二级基金	319	0	19	0.00	5.96
被动指数型债券基金	83	0	2	0.00	2.41
增强指数型债券基金	2	0	2	0.00	100.00
货币市场型基金	351	0	0	0.00	0.00
股票多空基金	17	0	0	0.00	0.00
商品型基金	12	0	0	0.00	0.00
国际（QDII）股票型基金	116	0	0	0.00	0.00
国际（QDII）混合型基金	44	0	0	0.00	0.00
国际（QDII）债券型基金	64	0	0	0.00	0.00
国际（QDII）另类投资基金	39	0	0	0.00	0.00
总计	5906	1	52	0.02	0.88

数据来源：中国人民银行。

专题七　推动科创板、创业板和新三板改革，完善多层次资本市场体系

经过多年建设，我国已经初步构建了包括主板（含中小板）、创业板、科创板、新三板、区域性股权市场以及债券、期货等市场在内的多层次资本市场体系。科创板自开市以来，试点注册制平稳落地，关键制度创新经受住了市场检验，市场运行总体平稳，科创板作为资本市场改革“试验田”的建设性和引领性作用得到较好发挥，支持科技创新的品牌效应初步显现。截至2020年7月22日，科创板累计上市公司140家，总市值2.8万亿元，合计融资2110亿元，平均每家融资15.1亿元。2019年以来，为进一步加强多层次资本市场制度建设，提升资本市场服务实体经济的能力，监管部门推动了创业板和新三板改革。

一、创业板主要改革措施

推进创业板改革并试点注册制，坚持以信息披露为核心，压实发行人和中介机构责任，加大对违法违规行为的处罚力度。

一是构建市场化的发行承销制度。制定多元包容的上市条件，对新股发行定价不设限制，建立以机构投资者为参与主体的询价、定价、配售等机制。

二是完善交易制度。新股上市前5个交易日不设涨跌幅，此后日涨跌幅限制为20%，存量股票日涨跌幅限制由10%放宽至20%。优化盘中临时停牌制度，引入盘后固定价格交易制度。优化转融通机制，推出市场化约定申报。

三是同步推进创业板再融资与并购重组的注册制改革。创业板上市公司并购重组由深交所审核，涉及发行股票或可转换公司债券的，实行注册制。完善创业板小额快速发行方式。

四是强化退市约束。一方面简化退市程序，不再设置暂停上市和恢复上市环节，缩短退市年限；另一方面优化退市标准，取消单一连续亏损退市指标，引入组合类财务退市指标，新增市值持续低于规定标准的退市指标。

五是构建符合创业板特色的持续监管规则体系。强化行业定位和风险因素的披露，突出控股股东、实际控制人的信息披露责任，适当延长未盈利企业重要股东的持股锁定期，提高股权激励制度灵活性。

二、新三板主要改革措施

坚持服务中小企业发展的初心，通过完善分层，在各层次建立健全适合中小企业特点的发行、交易等市场基础制度，为挂牌企业提供差异化精准服务。

一是新设精选层。在完善提升基础层、创新层的基础上新设精选层，承接完成公开发行的优质企业。结合市场分层，设定差异化的信息披露和公司治理监管要求，将监管资源集中到精选层和风险外溢性高的其他挂牌公司。

二是优化发行制度。一方面引入公开发行机制，允许公开路演、询价，提高投融资效率；另一方面完善定向发行制度，取消单次融资新增股东不得超过35人的限制，允许内部小额融资实施自办发行。

三是建立转板上市机制。经过公开发行并在精选层连续挂牌满一年、符合交易所转入板块上市条件的，可以直接向交易所申请转板上市。

四是丰富交易制度。增加基础层、创新层集合竞价撮合频次，在精选层实行连续竞价交易机制，以适当提高市场的流动性水平。

五是优化投资者结构。结合市场分层实行差异化的投资者适当性标准，适当降低投资者准入门槛。鼓励公募基金依规投资精选层挂牌公司，持续推动保险资金、企业年金等机构投资者资金入市。

三、对相关制度安排的思考与政策建议

为了满足不同投融资期限结构和风险特征的市场主体投融资需求，应推动建设融资功能完备、基础制度扎实、市场监管有效、投资者合法权益得到有效保护的多层次资本市场体系。下一步，在进一步完善资本市场各组成部分具体交易制度的基础上，应注重通过建章立制、严惩违法违规等方式营造公开公正公平的交易环境，充分发挥市场自我稳定的作用，促进市场真正实现优胜劣汰，从根本上提升资本市场的吸引力和服务实体经济的能力。可考虑重点做好以下工作：

继续推进以信息披露为核心的注册制改革。建立健全以信息披露为核心的股票发行上市制度，明确以投资者需求为导向的信息披露要求，建立公开、透明、高效、便捷的股票发行注册机制，强化资本市场服务实体经济高质量发展的能力。

进一步完善相关法律法规，提高对证券市场违法违规行为的震慑力。新修订的《证券法》已大幅提高欺诈发行等违法行为处罚力度，但现行《刑法》对欺诈发行、信息披露违法等证券期货犯罪的处罚仍然偏轻，未完全体现“罪刑相适应”原则。建议尽快修订完善《刑法》，提高对欺诈发行、信息披露违法、操纵市场等犯罪行为的刑罚力度。同时，利用上海已成立全国首家金融法院的有利契机，发挥金融法院的专业性，增加刑

事审判职能，提高对证券违法犯罪的审判、执行效率，增强对证券违法违规行为的震慑力。

强化事中事后监管，切实保护投资者合法权益。建议以新《证券法》的颁布为契机，充实监管力量并优化监管资源配置，强化对证券市场的事中事后监管，加大对违法违规行为的查处力度。发挥好投资者保护机构的代表人诉讼职能，建设好有中国特色的中小投资者权益保护机制。

专题八　信托业风险分析与发展建议

近年来，我国信托业发展迅速，在拓宽投融资渠道、服务实体经济发展等方面发挥了重要作用，但也存在部分信托公司偏离信托本源、合规意识淡薄、风险管控不足等问题。目前，经济下行压力加大，信托业风险加速暴露，少数信托公司已劣变为高风险机构，需要予以高度关注，多措并举防范化解相关风险。

一、我国信托业发展历程

信托最早于20世纪初传入我国。建国初期，受计划经济体制等客观条件限制，信托机构很快退出市场。改革开放后，中国国际信托投资公司于1979年10月成立，标志着我国信托业正式重启，此后信托业主要经历了探索整顿、制度规范、高速发展和转型调整四个时期。

探索整顿时期（1979—2000年）。由于经济发展融资需求旺盛、银行信贷实行严格计划管理等因素，这一时期信托业基本实行的是类银行的经营模式，虽然为社会经济发展提供了多种金融服务，但因法律法规等基础制度和监管缺失，信托业自身发展存在失序问题，先后经历了五次大规模清理整顿。**第一次整顿**发生于1982年，由于没有相应的制度规范，中央部门、地方政府和银行为发展经济设立了大量信托机构，全国信托业盲目扩张，冲击了国家对金融业务的计划管理。为此，国务院于1982年4月下发通知停办地方信托业务，并要求信托业务全部由银行来办，信托机构数量得到控制。**第二、第三次整顿**分别发生于1985年和1988年，主要是为应对20世纪80年代的两次经济过热造成的信贷规模失控局面，采取措施压降信托机构数量的同时开始清理信托业务。**第四次整顿**发生于1993年，主要是解决新一轮改革开放热潮下信托机构与银行联手违规拆借资金和放贷投资问题，要求信托机构持牌经营，信托、银行分业经营，对信托机构与银行间资金往来加强管控。**第五次整顿**发生于1999年。经过前几轮整顿后，信托机构资金来源显著收窄，大量资产没有稳定负债支撑，部分机构面临生存危机。此次整顿分离信托业与证券业，明确信托受托理财的主业定位；将无法继续运营的公司停业整顿、关闭、撤销，能够继续运营的公司解决历史遗留问题后重新登记。经过五轮整顿，我国信托机构数量从高峰时的千余家缩减至59家。

制度规范时期（2001—2006年）。2001

年《中华人民共和国信托法》颁布实施，2002年人民银行发布《信托投资公司管理办法》和《信托投资公司资金信托管理暂行办法》，“一法两规”的出台确立了我国信托业的法律基础，规范了信托机构经营活动和核心业务，明确信托机构作为财产管理机构的非存款类金融机构性质，促进信托业回归“受人之托、代人理财”的功能本源。

高速发展时期（2007—2017年）。由于信托机构过去长期经营类银行业务，传统惯性使得回归信托本源业务的进展缓慢；加之制度建设落后于实务发展，部分信托机构广泛开展的业务缺乏相应监管制度，旧“两规”局限性逐渐暴露。在此背景下，银监会于2007年发布《信托公司管理办法》和《信托公司集合资金信托计划管理办法》，新“两规”进一步明确了信托机构市场准入、破产退出、异地展业、业务范围、关联交易等方面的监管要求。2010年，银监会发布《信托公司净资本管理办法》，建立了以净资本为核心的风险控制指标体系。此后，银监会设立信托监管部，中国信托业保障基金有限公司和中国信托登记有限公司相继成立，与信托业协会一道构成了我国信托业以监管部门为监管主体，行业自律、市场约束、安全保障为补充的“一体三翼”监管架构。在此期间我国信托业高速发展，年复合增长率为39.36%，行业规模于2017年达到峰值。

转型调整时期（2018年至今）。2018年4月，人民银行、银保监会、证监会、外汇管理局出台《关于规范金融机构资产管理业务的指导意见》（以下简称资管新规），统一同类资管产品监管标准，防控金融风险。信托业自此开始转型，压降通道业务和多层嵌套规模，行业规模有所回落。

二、我国信托业发展现状

信托规模稳中趋降，经营业绩保持平稳。截至2019年末，全国68家信托公司资产管理规模21.60万亿元，同比下降4.85%，较2018年13.50%的降幅明显收窄。所有者权益6316.27亿元，同比增长9.86%。固有资产7677.12亿元，同比增长6.73%。全年实现营业收入1200.12亿元，同比增长5.22%，利润总额727.05亿元，与2018年基本持平。

资金信托仍占主导地位，单一资金信托规模下降明显。截至2019年末，集合资金信托规模9.92万亿元，占比45.93%，较上年同期分别增加8000亿元、上升5.81个百分点；单一资金信托规模8.01万亿元，占比37.10%，较上年同期分别减少1.82万亿元、下降6.23个百分点；管理财产信托3.67万亿元，较上年同期减少约884亿元，占比16.98%，与上年同期基本持平。集合资金信托规模显著超过单一资金信托，成为最主要的信托资金来源。

通道业务降幅明显，但融资类业务占比上升。截至2019年末，事务管理类信托余额10.65万亿元，占比49.30%，较上年同期分别减少2.6万亿元、下降9.06%；融资类信托规模5.83万亿元，占比26.99%，较上年同期分别增加1.49万亿元、上升7.85个百分点；投资类信托规模5.12万亿元，与上年同期基本持平，占比23.71%，较上年同期小幅上升1.21个百分点。事务管理类信托规模收缩明显，“去通道”工作取得明显进展。

信托业风险暴露加快，存在外溢可能。信托业强监管、严排查使行业风险暴露更为充分。截至2019年末，信托资产风险率2.67%，较上年同期大幅上升1.69个百分点，其中：信托公司承担风险管理责任的主动管理类信托资产风险率3.04%，同比上升1.75个百分点，相关风险可能跨行业、跨市场、跨区域传染；由其他金融机构等委托人承担风险管理责任的事务管理类信托资产风险率2.29%，同比上升1.53个百分点，随着“去通道”“去嵌套”深入推进，信托通道委托方的风险将显性化。

三、信托业风险成因

我国信托业从诞生之初就具有浓厚的银行色彩，以资金信托起家，大多数信托公司通过类银行信用中介模式赚取利差收入，为受益人利益最大化服务的受托人文化缺失，融资功能畸形发展，业务偏离本源，异化为融资通道。具体表现为：

经营风格激进，积聚大量风险。部分信托公司过度追求盈利目标而忽视风险防控，利用固有资产激进从事股票和股权等高风险投资，可能遭受较大程度的投资损失；违规开展或参与具有滚动发行、集合运作等特征的非标资金池信托业务，导致期限错配，可能面临兑付风险。

公司治理不健全，股东违规现象明显。部分信托公司股东资质不合规，存在虚假出资、循环注资、抽逃股本、代持股权、违规质押信托公司股权等情况。部分信托公司存在“一股独大”现象，大股东滥用股东权利不当干预公司经营，通过关联交易向股东、实际控制人及关联方进行利益输送，加之有些信托公司股权关系复杂，难以穿透识别关联方，违规关联交易问题尤为明显。

信托公司未能“卖者尽责”，刚性兑付违背“买者自负”。部分信托公司背离“诚实、信用、谨慎”原则，在尽职调查、风险管理、信息披露等方面没有尽到“卖者尽责”的义务，使投资者无法及时准确了解项目风险；部分信托公司因尽职管理不当或出于获取投资者信任、维护自身声誉等考虑，通过违规出具抽屉协议提供隐性担保等方式承诺刚性兑付，以固有资产接盘信托风险资产或提供担保由第三方接盘信托风险资产，不仅淡化了投资者“买者自负”的风险意识，还使表外风险转至表内形成不良资产。

滥用制度灵活性，监管套利活动层出不穷。部分信托公司利用自身能够跨领域投资且限制较少的优势，为其他机构进行监管套利提供便利，例如，通过承接银行理财产品、P2P平台导流等方式向中小投资者销售信托产品，协助委托方将资金违规投向房地产、地方政府融资平台、产能过剩等限制性或禁止性领域；违规协助银行“调表”或“出表”，通过将银行贷款包装成信托投资等方式规避资本、拨备计提等监管要求；通过信贷资产流转等模式隐匿不良资产；为不具有金融业务许可资质的第三方机构变相开展金融业务提供通道服务等。

外部环境尚不成熟，信托业回归本源存在难度。在我国经济高速发展的背景下，中小企业及其他高风险领域资金需求旺盛，银行的传统金融服务难以满足这类需求，客观上导致资金类信托快速膨胀。此外，与《信托法》配套的信托财产登记、转移等相关法规迟迟未能出台，制约了信托本源制度优势的发挥。

四、政策建议

加快基本制度体系建设，创造良好发展环境。推动《信托法》修订和信托公司条例出台，落实破产隔离、信托财产登记等本源制度基础。加快出台服务信托的管理办法和实施细则。

推动行业加快转型，大力发展本源业务。信托业应充分发挥信托财产具有独立性、信托公司可以跨领域投资等优势，立足受托人功能定位，稳步压缩融资类信托业务，打造新的增长点：满足养老、医疗等方面服务需求，大力发展养老保障、福利计划等服务类信托；满足公益慈善事业发展需求，积极发展慈善信托，实现慈善资产保值增值；满足高净值客户对于理财和财富代际传承的需要，大力发展财富管理信托业务。

完善公司治理机制，提高经营管理水平。加强信托公司“三会一层”建设，建立各司其职、有效制衡的治理结构，形成科学高效的决策、激励与约束机制，提高专业投资能力，避免大股东干预公司日常经营。信托公司应主动、真实、准确、完整、及时披露产品信息，强化投资者适当性管理，在“卖者尽责”的基础上提高投资者“买者自负”的意识。

全面强化外部监管，促进依法合规经营。对信托公司股东和关联方实施穿透监管，严格规范信托公司控股股东资质，严控不当关联交易。完善资本监管标准，确保信托公司保持与其业务发展和风险控制能力一致的资本水平。严格落实资管新规要求，消除多层嵌套，压降通道业务，清理非标资金池，严控杠杆操作。信托产品销售对象应完全符合《信托法》和相关监管规定要求，不得代持或分销。

持续加强风险监测，健全风险处置机制。完善风险监测常态化机制，重点关注信托公司资产风险状况、股权关系及实际控制人信息、固有资产真实质量等情况，对苗头性、倾向性、趋势性问题，早发现、早预警，提高风险监测主动性和前瞻性。坚持在市场化、法治化原则下处置信托业风险，坚决打破刚性兑付，压实信托公司及其股东的主体责任、地方政府属地责任、金融管理部门的监管责任及相关部门协同配合的责任，防范风险在金融体系中和向实体经济扩散。

专题九　全球金融科技发展及监管进展

2019年以来，金融服务与科技进一步深度融合，特别是数字货币、开放银行等领域进展瞩目。与此同时，各经济体金融管理部门着力完善对金融科技活动的监管，在明确技术指引、提高监管标准、完善监管手段等方面进行了积极探索。在借鉴国际监管经验的基础上，我国应以创新监管工具为基础，以监管规则为核心，以数字化监管为手段，加快完善符合我国国情的金融科技监管框架。

一、全球金融科技发展动态

2019年，全球金融科技活动继续保持较快发展，大数据、人工智能、分布式记账等技术在金融领域的应用愈加成熟，催生出一批新的金融科技业务模式、产品和服务。其中，数字货币、开放银行和数字银行等应用领域发展较快，不少经济体已开展相关实践。

融资市场有力助推金融科技应用落地。据统计，2019年全球金融科技领域融资[①]共1913笔，募集资金345亿美元，约为2015年同类融资规模的2倍。与此同时，2015—2019年，金融科技领域的中后期融资[②]笔数占比持续上升（见图2-29），显示市场愈加成熟，部分优质企业发展稳健、初具市场化规模。2015—2019年，全球金融科技采纳率[③]从16%增至60%[④]，显示金融科技产品和服务供需显著增加，企业技术研发成果加快市场转化，带动金融业务日益智能化。

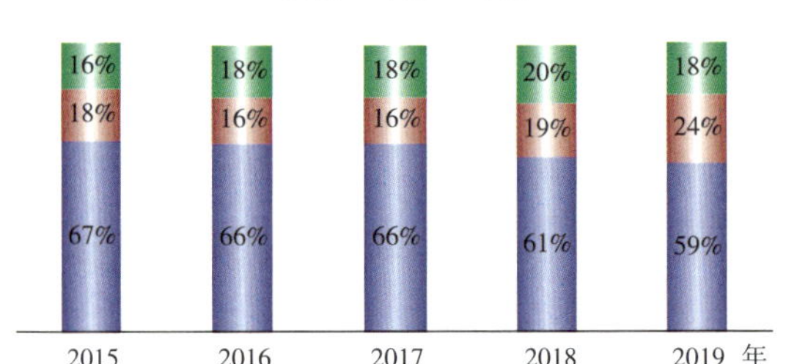

图2-29　2015—2019年全球金融科技各阶段融资笔数占比变化

（数据来源：CB Insights）

央行数字货币（CBDC）研究和试点加快。根据国际清算银行2020年初发布的《关

① 指金融科技公司获得的风险投资，相关数据来自CB Insights。

② 一般将种子轮、天使轮和A轮融资称为早期融资；B轮和C轮称为中期融资；D轮、E+轮以及私募股权等称为后期融资。融资阶段越靠后，意味着公司项目越成熟，越有可能将新业务推向市场，甚至开始盈利。

③ 指被调查消费者中使用两项或两项以上金融科技服务的比例。

④ 安永（中国）企业咨询有限公司，《2019年全球金融科技采纳率指数》，2019年8月。

于央行数字货币的后续调查》，全球参与调查的中央银行约80%已开展了CBDC相关工作，其中40%已从概念研究转向试验阶段，另有10%已经开展试点。例如，瑞典央行为顺应非现金支付趋势、降低发钞成本研发的电子克朗（e-Krona）已于2020年2月开始试点；日本央行和欧洲央行为提高跨境大额支付和证券结算系统效率，联合研发批发型CBDC（Stella项目），目前正在开展分阶段测试；人民银行为提高零售支付的便捷性、安全性和防伪水平，开展了数字人民币体系（DC/EP）项目，目前DC/EP的封闭试点测试正在有序推进。

私人部门稳定币发行活跃。自2015年美国私人部门首次推出采用稳定币①理念设计的“泰达币”以来，全球稳定币发行日趋活跃。截至2019年6月，市场上流通的稳定币共有66种，另有134个稳定币项目计划推出②。其中，美国脸书公司计划推出“天秤币”，为全球数十亿潜在用户提供跨境数字支付服务，引发广泛关注。美国、欧洲等金融管理部门对“天秤币”提出严重关切，指出其可能对反洗钱和反恐怖融资、消费者数据保护、网络安全等方面带来重大挑战。2020年4月，脸书公司又提出进一步改进“天秤币”支付体系安全性和合规性的计划，并尝试获得支付牌照。尽管如此，部分国家仍担心“天秤币”将威胁本国法定货币的地位。

开放银行应用加速。开放银行是指经客户授权，银行通过应用程序接口（API）③向第三方机构共享客户银行账户、交易数据的一种业务模式，旨在围绕第三方应用场景，实现金融服务的全覆盖。西班牙对外银行、美国花旗银行等率先打造各自的开放银行平台，中国工商银行、浦发银行等也开展了开放银行相关实践。为提升金融业国际竞争力和创新力，部分经济体开始在行业范围内推广开放银行应用。例如，英国推动全国最大的九家银行业机构成立开放银行实施组织（OBIE），制定API规范、数据规范等开放银行标准；截至2020年4月，已有74家银行业金融机构和134家第三方服务商加入该组织。此外，欧盟、日本、韩国、新加坡、中国香港等也相继组织实施开放银行计划。

数字银行数量增多。数字银行（也称虚拟银行或直销银行），不设立实体网点，主要采用纯线上运营模式，通过移动客户端远程开展业务。区别于传统银行以实体网点为主的经营方式，数字银行以互联网科技为支撑，提供与应用场景深度结合的存贷款、支付、转账等金融服务，主要面向传统金融服务不足的群体。2019年，香港金融管理局批准设立了8家虚拟银行。新加坡金融管理局则计划于2020年批准设立5家数字银行。在其

① 稳定币是一种采用区块链技术加密的数字资产，常通过与一种或多种资产（如主权货币）挂钩的方式保持稳定币值。
② 链塔智库，《全球稳定币现状概览》，2019年6月。
③ 一组预先设定好的功能，开发者可通过该功能或功能的组合便捷地访问相关服务，而无需关注服务的设计与实现。

他经济体，数字银行多以传统银行牌照或业务许可的形式从事线上银行业务，如英国的Monzo银行、N26银行，中国的百信银行、微众银行、网商银行等。

二、金融科技监管最新国际进展

总体来看，各经济体金融管理部门对金融科技活动的监管日趋完善，在明确技术指引、提高监管标准、完善监管手段等方面进行了积极探索。为鼓励创新并防控风险，金融管理部门支持金融科技公司进入市场以弥补当前金融服务的薄弱环节，同时对从事金融活动仍然设置较高的门槛。

加强对技术的约束和引导。近年来，国际社会在人工智能等底层技术应用方面已初步形成技术安全、伦理道德等方面的基本共识。在此基础上，有关经济体金融管理部门进一步就金融业技术运用出台相关的规范性指引，涉及应用原则、技术要求、风险防控和数据安全等方面。例如，荷兰中央银行2019年7月发布《金融行业人工智能应用一般原则（征求意见稿）》，提出稳健、问责、公平、道德伦理、专业、透明等六方面技术应用原则。俄罗斯中央银行2019年2月发布《生物特征识别系统的信息安全建议》，督促金融机构降低生物识别技术的数据泄露与滥用风险。欧洲银行管理局2019年2月出台《外包协议指引（修订版）》，要求银行、支付机构、电子货币机构等金融机构必须具备监督管理外包业务风险的能力。

完善监管框架，注重风险防控。大多数经济体金融管理部门基于功能监管和行为监管的原则建立金融科技监管框架。一是坚持持牌准入。例如，新加坡、中国香港金融管理部门设立了专门的数字银行牌照，要求申请机构满足一定准入标准并遵守基于风险的资本要求。二是明确监管细则。例如，英国要求从事开放银行业务的机构遵守《支付服务修订法案（第二版）》规定，银行须按照客户要求将客户账户、交易数据开放给客户授权的第三方支付服务商，第三方支付服务商则须在金融管理部门登记备案。三是发布风险警示、打击非法交易。对加密资产交易等潜在风险较高的业务，大多数经济体金融管理部门持审慎态度。例如，美国证券交易委员会于2020年1月发布风险警示，表示首次交易发行①多为利用技术创新噱头进行虚假宣传，提示投资者警惕诈骗行为。

灵活运用监管沙盒等创新监管工具。2015年，英国金融行为监管局（FCA）提出监管沙盒的概念，旨在为金融科技创新企业提供一个安全的测试环境。截至2020年5月，FCA已开

① 首次交易发行（IEO）与首次代币发行（ICO）类似，均指通过发行代币等数字资产向投资者募资的行为，二者区别在于IEO直接由在线交易平台代项目方发行，而ICO多由项目方直接发行或通过交易平台发行。

展5批测试，参与企业累计118家。经过五年多的实践，FCA的沙盒模式愈加成熟，一是为测试企业提供灵活、多样的政策支持，包括限制性牌照、个别指导、规则豁免、无异议函等；二是对原有沙盒进行升级，FCA计划推出跨部门沙盒，为企业提供多个监管部门联合监管的测试。此外，在FCA倡议下，世界银行、国际货币基金组织与FCA等机构于2019年1月共同推出跨国监管沙盒“全球金融创新网络”，计划为企业提供跨国测试。与此同时，澳大利亚、新加坡、韩国等经济体也采用监管沙盒对金融科技进行创新测试。

积极开发监管科技，提升风险防控能力。监管科技指监管当局使用大数据、机器学习等技术实现数据收集、分析、判断等，应用于事前预警、事中监管、事后监督等阶段。近年来，监管科技的作用也从技术辅助逐步转向智能监管，在监管决策和自主分析方面更加智能。例如，澳大利亚证券投资委员会建立市场分析和情报系统，从股票和衍生品交易中提取实时数据，监测异常情况并提供实时预警。

三、我国金融科技监管探索

打造包容审慎的创新监管机制。针对金融科技创新发展新形势，我国金融管理部门积极探索符合新事物内在发展规律、高度适配我国国情的金融科技监管路径，全面提升监管效能。一是划定刚性底线。以现有法律法规、部门规章、基础性标准规则等为准绳，明确创新红线。二是设置柔性边界。平衡好安全与效率的关系，运用信息披露、公众监督等方式，让人民群众参与金融科技治理，为金融科技创新营造良好的发展环境。三是预留创新空间。在固守安全底线基础上包容合理创新，使持牌金融机构享有平等参与创新的机会。

有序开展金融科技创新监管试点。2019年12月，北京市率先启动金融科技创新监管试点，2020年，在上海市、成渝地区、粤港澳大湾区、河北雄安新区、杭州市、苏州市等地扩大试点。截至2020年8月末，已推出60个试点项目，既有商业银行、清算机构等持牌金融机构牵头申请，也有电信运营商、金融科技公司等科技企业直接申报。试点项目呈现出金融科技多元融合、多向赋能的特点，聚焦人工智能、大数据、区块链、物联网、5G等前沿技术，涵盖数字金融、普惠金融、供应链金融等场景，纾解小微民营企业融资难融资贵、金融服务“最后一公里”等痛点难点。

加快完善金融科技监管框架。下一步，金融管理部门将做好统筹与协同，强化监管顶层设计和整体布局，加快完善符合我国国情的金融科技监管框架。一是以创新监管工具为基础，在总结金融科技创新监管试点经验基础上，完善风险监控体系，适时发布白皮书，尽早推出符合我国国情、与国际接轨的金融科技创新监管工具。二是以监管规则为核心，及时出台针对性的监管规则，确保金融科技业务在业务合规、技术安全、风险防控等方面有章可循，解决因规则滞后带来的监管空白和监管套利等问题。三是以数字化为手段，建设数字监管报告平台，采用人工智能技术实现监管规则形式化、数字化和程序化，加快数字监管能力建设，提升监管穿透性和专业性。

第三部分
宏观审慎管理

2019年，国际社会继续完善宏观审慎政策框架，保险业国际监管标准制定取得重大突破。我国在借鉴国际经验的基础上，不断完善宏观审慎管理框架，加强金融监管合作和政策协调，强化系统性风险监测评估，丰富并不断校准宏观审慎政策工具。

一、国际组织加强宏观审慎管理的进展

（一）构建稳健的金融机构

完善监管框架。巴塞尔银行监管委员会（BCBS）于2019年1月修订并发布了《市场风险最低资本要求》，标志着危机后银行业核心国际监管标准制定工作基本完成。BCBS持续完善巴塞尔协议Ⅲ监管框架，研究出台了应对新冠肺炎疫情影响的举措，明确了市场风险等框架的信息披露要求，探索制定基准利率改革、加密资产等领域的监管准则，跟踪分析金融科技、气候变化等领域的风险及其对银行业发展及监管的影响。

推动巴塞尔协议Ⅲ的实施。随着巴塞尔协议Ⅲ改革最终完成，BCBS的工作重心由制定监管标准转变为推动标准实施。2019年BCBS对中国、加拿大、澳大利亚、印度、巴西、阿根廷等经济体的净稳定资金比例框架和大额风险敞口框架是否与国际标准保持一致进行了评估。BCBS计划自2021年起，对各成员经济体落实《巴塞尔协议Ⅲ：危机后改革的最终方案》和修订后的《市场风险最低资本要求》情况开展评估，拟于2025年底之前完成。

（二）结束“大而不能倒”

更新全球系统重要性银行（G-SIBs）名单。2019年11月，金融稳定理事会（FSB）公布了基于2018年末数据测算的G-SIBs名单，30家银行入选（见表3-1），较2018年增加1家。其中，加拿大多伦多道明银行新入选名单，德意志银行由第3组降至第2组。每年11月G-SIBs名单更新后，入选的G-SIBs将于14个月后开始实施更高的资本要求。

表3-1　全球系统重要性银行

组别（附加资本要求）	全球系统重要性银行
5（3.5%）	空
4（2.5%）	美国摩根大通集团
3（2.0%）	美国花旗银行
	英国汇丰银行

续表

组别（附加资本要求）	全球系统重要性银行
2（1.5%）	美国银行
	中国银行
	英国巴克莱银行
	法国巴黎银行
	德意志银行
	美国高盛集团
	中国工商银行
	三菱日联金融集团
	美国富国银行
1（1.0%）	**中国农业银行**
	纽约梅隆银行
	中国建设银行
	瑞士信贷
	法国大众储蓄银行
	法国农业信贷银行
	荷兰商业银行
	日本瑞穗实业银行
	美国摩根士丹利集团
	加拿大皇家银行
	西班牙桑坦德银行
	法国兴业银行
	渣打银行
	美国道富银行
	日本三井住友金融集团
	加拿大多伦多道明银行
	瑞士联合银行
	意大利联合银行

资料来源：FSB《2019年全球系统重要性银行名单》，2019年11月。

制定《保险业系统性风险整体框架》。 2019年11月，国际保险监督官协会（IAIS）发布《保险业系统性风险整体框架》（以下简称《整体框架》），以保险监管核心原则（ICPs）和国际活跃保险集团（IAIGs）监管共同框架（ComFrame）为基础，从单个机构和行业整体两个维度评估全球保险业系统性风险，并对各经济体《整体框架》的落实情况进行持续评估，以监测全球保险市场发展趋势，防范系统性风险。《整体框架》发布后，FSB暂停了对全球系统重要性保险机构（G-SIIs）的认定，将视《整体框架》的落实情况决定是否重启。

（三）推动有效处置机制建设

稳步推进总损失吸收能力（TLAC）要求的实施。所有应于2019年1月满足外部TLAC要求的G-SIBs，均已达到或超过了风险加权资产16%和杠杆率分母6%的TLAC要求，三分之二的G-SIBs提前满足了2022年风险加权资产18%和杠杆率分母6.75%的TLAC要求。只有少数G-SIBs母国落实了关于互持TLAC的限制措施以及TLAC信息披露要求，仍需开展大量工作推动内部TLAC在母国和东道国之间的有序分配。

推动《金融机构有效处置机制核心要素》实施。各行业落实《金融机构有效处置机制核心要素》的进度不一。关于银行业，所有G-SIBs母国均已建立处置计划框架，下一步要确保自救措施的落实和处置中的业务连续性。关于保险业，FSB暂停了G-SIIs认定，但部分经济体仍认定自己的系统重要性保险机构并要求其制定恢复和处置计划，目前保险机构处置的难点主要在于保险集团内部关联性过高。关于中央对手方（CCPs），为推动CCPs处置机制建设，FSB于2020年5月发布了《关于CCPs处置中的资金来源及对CCPs股权处理的指导意见（征求意见稿）》，指导CCPs处置当局如何评估CCPs处置中可能存在的资源缺口，以及如何分担损失。

（四）持续监测影子银行体系

2020年1月，FSB基于2018年末数据发布《2019年全球非银行金融中介监测报告》，涵盖了29个经济体。广义估算结果显示，2018年末全球“非银行金融中介监测规模总额”达183.7万亿美元，约占监测经济体金融资产的48.5%，同比下降0.1%，为2008年以来的首次下降。狭义估算结果显示，全球非银行金融中介规模达50.9万亿美元，相当于监测经济体金融资产的13.6%，同比增长1.7%，增速明显低于2012—2017年8.5%的平均增速。其中，中国非银行金融中介狭义口径规模为7.8万亿美元，位列美国（15.2万亿美元）和欧元区（12万亿美元）之后，在狭义口径规模下降的8个经济体中降幅最大。

（五）推动场外衍生品市场改革

2019年，场外衍生品市场改革进展缓慢。截至2019年9月，24个FSB成员经济体中，23个经济体落实了非集中清算衍生品的更高资本要求，与上年持平；23个经济体落实了交易信息报送要求，较上年增加1个，全球法人机构识别编码（LEI）在信息报送中的使用稳步推广；18个经济体落实了集中清算要求，与上年持平；16个经济体落实了非集中清算衍生品的保证金要求，与上年持平；平台交易要求落实进展最为滞后，仅有13个经济体制定了相关政策框架，与上年持平。

（六）其他

基准利率改革稳步推进，鉴于2021年末伦敦同业拆借利率（LIBOR）可能终止使用，FSB鼓励金融合约使用其他基准利率，相关经济体在开发其他接近无风险利率作为基准利率方面开展了大量工作，并努力确保金融合约在基准利率发生变化时保持稳定。国际社会继续推动LEI的应用，截至2019年末，共有29个经济体取得发码资格，超过154万个法人机构及自然人申请获得LEI编码，编码广泛应用于衍生品交易、证券融资交易、银行保险业监管、机构处置、支付服务和信用登记等领域。

二、主要国家和地区宏观审慎管理最新进展

（一）美国

系统性风险监测和评估。2019年12月，美国金融稳定监督委员会（FSOC）发布年度报告，认为2019年美国经济增长强劲，失业率处于50年来最低水平，企业和消费者违约率较低，金融条件总体稳定。但未来经济表现存在不确定性，促使美联储转向更宽松的货币政策。美国金融体系的潜在风险包括：长期经济扩张导致非金融企业杠杆率升高，其中信用水平较低的企业占比较高；对信息技术特别是互联网平台的依赖，增加了网络安全风险；CCPs与大型金融机构之间的关联性较高，一旦发生服务中断，容易造成风险跨机构蔓延；采用其他基准利率代替LIBOR的过程中可能造成法律、操作和经济方面的风险；一些投资基金可能存在流动性风险和杠杆风险；金融数据的覆盖范围和质量无法满足监管需求，数据报送要求不一致也加重了市场参与者的报告负担；金融创新催生的一些新的金融活动游离在监管之外。美联储2020年5月发布的金融稳定报告指出，新冠肺炎疫情引发的经济衰退成为美国金融体系面临的最大风险。受疫情影响，美国资产价格波动加剧，企业和住户部门杠杆率显著上升，金融体系流动性趋紧。

开展压力测试。2019年，美联储对18家银行开展了压力测试，其资产总额约占美国银行总资产的70%。在重度压力情景下，全球经济衰退，美国实际GDP在2019年第二季度降幅达到9.4%的最大值后逐步企稳，失业率最高升至10%，到2019年底股价、房价分别下跌50%和25%，消费物价指数、短期利率和长期国债收益率显著下降。在此情景下，18家银行的整体核心一级资本充足率将从2018年第四季度的12.3%最低降至9.2%，杠杆率由8.6%最低降至6.8%，预计总损失达4100亿美元，贷款损失率为5.7%，主要监管指标仍远高于监管要求。此外，美联储还对18家银行进行了综合资本分析与审查（CCAR），在

严重不利情景下，银行的核心一级资本充足率将从12.3%最低降至6.6%。2020年6月，美联储对34家银行开展了一项敏感性分析，以评估银行业在新冠肺炎疫情带来的经济冲击下的稳健性。结果显示，在快速的V形复苏、较慢的U形复苏，以及最坏的W形双底衰退三个情景下，到2022年第一季度末，34家银行的整体核心一级资本充足率将从2019年底的12.0%分别下降至9.9%、8.2%和7.7%，贷款损失率分别为8.2%、10.3%和9.9%。结果显示，新冠肺炎疫情将对美国银行体系带来较大冲击，但银行抵御能力整体较强。

完善金融机构监管。一是根据机构的不同风险水平调整监管强度。2019年9月，证券交易委员会（SEC）降低了满足特定要求的交易所交易基金（ETFs）的市场准入门槛；2019年10月，货币监理署（OCC）、美联储和联邦存款保险公司（FDIC）规定资产规模100亿美元以下、符合特定条件的社区银行可适用简化的资本充足要求；2019年11月，美联储和FDIC降低了对较小机构的处置计划要求。二是采取措施提高监管机构收集信息的数量和质量。金融研究办公室（OFR）开始收集集中清算回购协议的交易数据；商品期货交易委员会（CFTC）采取措施提高掉期数据库的数据准确性；SEC开始收集有关投资基金流动性水平和投资组合持有情况的信息。2020年3月以来，为应对新冠肺炎疫情冲击，美联储调整了部分宏观审慎政策，包括鼓励金融机构利用前期积累的资本缓冲发放贷款、临时修改补充杠杆率规则、临时修订资本规则以配合应对疫情的紧急流动性工具运行等。

（二）欧盟

系统性风险监测和评估。2019年11月，欧央行发布金融稳定报告，指出受全球贸易疲弱及全球政治不确定性等因素影响，全球和欧元区经济增长前景恶化，预计在更长时间内持续低迷。在此背景下，金融风险主要包括：资产定价存在调整的可能；私人和公共债务可持续性问题依然存在；周期性不利因素给银行盈利能力带来严峻挑战；非银行机构过度承担风险。2020年5月，欧央行发布中期金融稳定报告，指出在新冠肺炎疫情全球蔓延的背景下，尽管各方及时采取政策措施，减轻了金融稳定短期风险，但由于实际产出下降和债务负担增加，欧元区中期脆弱性有所上升。金融稳定主要面临四方面风险：金融条件趋紧，一些市场较为脆弱；债务负担尤其是公共部门的债务负担大幅增加；银行的中介化能力和盈利能力变弱；非银行金融部门放大市场波动。

完善宏观审慎政策框架。宏观审慎管理机制建设方面，截至2019年底，除意大利外的其他成员经济体已经明确了宏观审慎当局。宏观审慎政策实施层面，2019年欧盟各成员经济体采取的宏观审慎政策总体偏紧：部分成员经济体首次引入或提高了逆周期资本缓冲（CCyB）；针对房地产市场过热和住户部门的脆弱性，一些经济体实施了针对借款人的政策，包括对偿债收入比（DSTI）、贷款价值比（LTV）和贷款期限进行限制等；部分成员经济体启用了系统性风险缓冲（SyRB）。在2020年新冠肺炎疫情蔓延背景下，欧盟调整了部分宏观审慎政策，多数国家释放了各类缓冲或取消/推迟了缓冲的上调。

监测非银行金融中介业务。2019年9月，欧洲系统性风险委员会（ESRB）发布欧盟非银行金融中介监测报告。截至2018年末，欧盟非银行金融中介业务规模约为41.9万亿欧元，占整个金融业规模的38.1%，规模和占比均较2017年略有下降，这主要是2018年第四季度资产估值下跌导致规模短暂下降。非银行金融中介存在的风险和潜在脆弱性主要包括：持续的低利率环境刺激部分机构增持高风险资产；部分机构杠杆率较高，易放大冲击，增加违约风险；非银行金融中介之间以及与银行之间关联性较强，可能加剧风险传播；衍生品和证券融资交易中抵押品的重复使用会造成流动性风险传播，引发顺周期性和高杠杆风险；数据缺口阻碍了对非银行金融部门进行更全面的风险评估。

（三）英国

制定宏观审慎政策。2019年12月，英格兰银行金融政策委员会（FPC）发布金融稳定报告，认为全球潜在脆弱性较为严重且存在进一步恶化风险；脱欧产生的不确定性可能造成国际投资者对英国资产需求下降，其他国内风险尚处于适中水平。基于以上判断，FPC将CCyB从1%提高到2%。2020年5月发布的中期金融稳定报告指出，受新冠肺炎疫情影响，市场流动性显著恶化，金融资产价格大幅波动，为此FPC将CCyB下调至0%，能够支持英国银行业增加1900亿英镑的放贷能力。

开展银行业压力测试。英格兰银行开展的2019年压力测试假设全球GDP下降2.6%，英国GDP下降4.7%，失业率上升至9.2%，利率升至4%。压力测试结果显示，英国银行体系能够抵御英国和全球同时出现比全球金融危机更为严重的深度衰退，在极端不利情景下，能够继续满足英国居民和企业的信贷需求。此外，英国在2020年5月开展了一项敏感性分析，评估银行业在新冠肺炎疫情引发的经济冲击中的稳健性。此次敏感性分析包含了更加剧烈的宏观经济冲击，假设2020年第二季度英国GDP相对于2019年底收缩近30%，并于第三季度开始随着防控措施解除而复苏。同时，政府实施的一揽子宏观经济刺激措施效果也被纳入情景假设。在此情景下，到2021年底银行的核心一级资本充足率将从2019年底的14.8%降至11.0%，杠杆率将从5.4%下降到4.9%，仍远高于监管要求。结果显示，银行能够承受疫情带来的不利影响。

三、我国宏观审慎管理的实践

2019年，我国不断强化宏观审慎管理体制和政策框架，成立人民银行宏观审慎管理局，加强金融监管协调，持续完善风险监测识别体系，不断健全货币政策和宏观审慎政策双支柱调控框架，妥善采取并不断校准多项宏观审慎政策措施。

进一步加强金融政策统筹协调。2019年以来，国务院金融稳定发展委员会（以下简称金融委）加强统筹协调，及时研判国内外经济金融形势，围绕金融服务实体经济、金融风险防范化解、金融业改革开放部署重点工作，特别是新冠肺炎疫情暴发以来，2020年上半年金融委先后召开二十多次会议，部署金融支持疫情防控和经济社会发展有关工作。一是加强逆周期调节，改善对民营和中小微企业的金融服务，加大金融对疫情防控、复工复产支持力度，促进经济金融良性循环。二是统筹打好防范化解重大金融风险攻坚战，督导落实攻坚战行动方案，把握好风险处置节奏力度，推动形成风险处置合力，维护金融市场稳定。三是统筹推进金融业改革开放，推出金融业对外开放11条措施和金融改革11条措施，加快推进银行业、资本市场改革以及金融生态环境建设，扎实推进金融重点领域对外开放，支持上海国际金融中心建设，以开放促改革、促发展。

加强系统性风险监测评估。持续做好银行业、证券业、保险业、金融市场的风险监测工作，及时预警风险，研提应对之策。组织对全国1550家银行业金融机构进行压力测试，不断扩大压力测试范围，提示风险，引导金融机构稳健经营。稳步推进央行金融机构评级工作，2019年按季对全国4400多家金融机构开展央行金融机构评级，摸清风险底数，精准识别高风险机构。建立重点银行流动性风险监测报告机制，按日监测流动性状况，测算流动性缺口，及时进行风险警示，采取早期纠正措施化解风险。运用压力测试和金融市场压力指数等方式监测股票、债券、货币和外汇等市场风险。积极开展保险机构稳健性现场评估和非现场监测，重点关注不当关联交易、大股东占款等风险，密切跟踪偿付能力不足的保险公司风险状况。继续开展大型有问题企业风险监测，加强对宏观经济形势、区域金融风险及房地产等特定行业趋势的研判。

开展宏观审慎评估（MPA）。2019年，人民银行进一步发挥MPA在优化信贷结构和促进金融供给侧结构性改革中的作用。为加大对小微、民营企业等领域的信贷支持，在MPA考核中增设民营企业融资、小微企业融资、制造业融资等专项指标。为引导金融机构将定向降准资金全部用于发放小微、民营企业贷款，降低小微、民营企业贷款利率，将相关情况纳入MPA考核。为推动银行更多运用贷款市场报价利率（LPR）、降低实体经济融资成本，将LPR运用情况及贷款利率竞争行为纳入MPA的定价行为项目考核。2020

年，进一步提高了小微、民营企业融资和制造业融资在MPA考核中的权重。在MPA考核中增设再贷款运用考核指标，引导中小银行更好运用新增再贷款再贴现额度。将股份制银行定向降准资金使用情况纳入MPA考核，要求股份制银行进一步增加对普惠金融领域的贷款投放。

完善金融控股公司监管规则。2020年9月13日，国务院发布《关于实施金融控股公司准入管理的决定》，明确由人民银行对金融控股公司实施准入管理并组织实施监管。人民银行同步发布了《金融控股公司监督管理试行办法》，遵循宏观审慎管理理念，坚持总体分业经营为主的原则，从强化对非金融企业控股两类或两类以上金融机构的监管入手，以并表为基础，对金融控股公司实施全面、持续、穿透监管，从制度上隔离实业板块与金融板块，重点关注股权结构、股东资质、资本管理、公司治理、风险管理、关联交易等关键环节，补齐监管制度短板，规范金融控股公司行为，有效防控金融风险，推动经济金融良性循环。

完善系统重要性金融机构监管。2019年11月，人民银行、银保监会联合发布《系统重要性银行评估办法（征求意见稿）》（以下简称《评估办法》），对我国系统重要性银行的评估方法、评估指标、评估流程和职责分工作出了规定，以进一步完善我国系统重要性银行监管框架。下一步，《评估办法》正式发布后，人民银行将会同银保监会，开展我国系统重要性银行评估，提出初步名单，经金融委审议后发布，并抓紧制定我国系统重要性银行附加监管规定，明确附加监管要求。

持续统一资产管理业务监管标准。2019年以来，相关部门继续完善资管业务标准规制，补齐监管短板，先后发布《商业银行理财子公司净资本管理办法（试行）》《保险资产管理产品管理暂行办法》《关于金融资产投资公司开展资产管理业务有关事项的通知》，引导理财子公司规范健康发展，规范保险资管产品和金融资产投资公司资管业务。2020年7月，人民银行会同银保监会、证监会、外汇局出台《标准化债权类资产认定规则》，明确标准化债权类资产的认定范围和认定条件。

加强跨境资本流动宏观审慎管理。构建跨境人民币业务“主要金融机构+主要业务”的宏观审慎管理框架。主要金融机构方面，将24家大型金融机构的跨境人民币业务风险评估情况纳入MPA考核。主要业务方面，将全口径跨境融资、境外放款、跨境人民币资金池等业务纳入宏观审慎管理，通过调整宏观审慎系数，对跨境资金流动实施逆周期调节。2020年3月，将全口径跨境融资宏观审慎调节参数由1上调至1.25，以进一步便利境内机构跨境融资，降低实体经济融资成本。

统筹监管金融基础设施。2020年2月，人民银行联合发展改革委、财政部、银保监会、证监会、外汇局印发《统筹监管金融基础设施工作方案》，明确将金融资产登记托管系统、清算结算系统（包括开展集中清算业务的CCPs）、交易设施、交易报告库、重要支付系统、基础征信系统等六类设施及其运营机构纳入统筹监管范围，统一监管标准，健全准入管理，优化设施布局，健全治理结构，推动形成布局合理、治理有效、先进可靠、富有弹性的金融基础设施体系。

专题十　建立金融委办公室地方协调机制，加强中央和地方金融协作

经过多年改革发展，我国逐步形成了适合和适应中国国情的金融机构组织体系，大型、中型、小型、微型金融机构分工协作，共同服务经济社会发展。我国金融管理主要是中央事权，同时也赋予地方必要的金融管理职责，充分调动中央和地方两个积极性。党的十九大作出深化金融体制改革，健全金融监管体系的部署。第五次全国金融工作会议明确了中央地方监管的职责边界，并提出构建现代金融监管框架，加强金融监管协调，补齐监管短板。建立金融委办公室地方协调机制是加强中央地方金融监管协作的关键举措，也是补齐金融监管短板的重要一环。金融委办公室按照党中央、国务院关于建立中央和地方之间金融监管、信息共享、风险处置和消费者保护等协作机制的要求，制定了金融委办公室地方协调机制工作方案，报经国务院同意后，于2020年1月8日印发实施《国务院金融稳定发展委员会办公室关于建立地方协调机制的意见》。目前，全国各省（区、市）及深圳市地方协调机制已陆续建立。

一、金融委办公室地方协调机制的组织架构和主要职责

金融委办公室地方协调机制接受金融委办公室的领导和业务指导，日常工作由人民银行省级分支机构承担。人民银行省级分支机构主要负责同志担任地方协调机制召集人，银保监会、证监会、外汇局省级派出机构、省（区、市）地方金融监管部门主要负责同志和省（区、市）发展改革部门、财政部门负责同志为成员。根据工作需要，可邀请其他省直部门、地方司法部门、地市级人民政府和金融机构负责人参加会议。

金融委办公室地方协调机制定位于指导和协调，重在协调，不改变各部门职责划分，不改变中央和地方事权安排，主要履行以下职责：

一是落实中央决策部署。贯彻落实党中央、国务院关于金融工作的决策部署，推动落实金融委涉及地方的各项工作安排，牵头做好金融委办公室交办的有关工作。

二是加强金融监管协调。加强中央金融

管理部门派出机构之间、中央金融管理部门派出机构与地方金融监管部门之间的监管协调和政策沟通，强化涉及多部门事项的统筹协调，促进金融监管全覆盖。

三是促进区域金融改革发展和稳定。做好本地区金融服务实体经济相关工作，支持区域金融改革创新。分析研判本地区金融服务实体经济情况和金融形势，监测评估金融风险，研究提出本地区金融服务实体经济和防控金融风险的意见建议。

四是推动金融信息共享。协调推进本地区金融业综合统计和金融统计标准化建设工作，牵头建立本地区金融数据共享机制，推进金融机构信息、行业基础数据、市场运行情况、风险状况的及时、充分共享。建立健全本地区金融业重大事项、突发事件的及时沟通交流机制。

五是协调做好金融消费者权益保护工作和金融生态环境建设。加强中期规划，统筹协调金融消费者教育、知识普及和权益保护，切实保护金融消费者合法权益。推动本地区信用环境建设，改善地方金融生态环境，促进区域经济金融健康发展。

按照第五次全国金融工作会议要求，省级政府牵头建立地方政府金融工作议事协调机制，承担属地金融监管和地方金融风险防范处置责任。金融委办公室地方协调机制和地方政府金融工作议事协调机制各有分工和侧重，相互支持配合，形成合力，共同营造良好的金融环境。

二、主要工作成效

金融委办公室地方协调机制建立以来，坚持问题导向，发挥好统筹协调的优势，切实推动解决实际问题，在推进金融服务实体经济、防范化解金融风险等方面开始发挥重要作用。

（一）抓住近期工作重点，支持疫情防控和经济社会发展

新冠肺炎疫情暴发以来，根据金融委办公室部署，金融委办公室地方协调机制按照“稳预期、扩总量、分类抓、重展期、创工具、抓落实”工作方针，抓紧督促落实疫情防控和经济社会发展的金融支持政策。

一是迅速部署疫情防控和复工复产金融支持工作。积极推动财政、金融、产业政策加强配合，督促金融业助力保障产业链供应链畅通运转，保障重要医疗物资、生活必需品生产、销售和运输重点企业的资金需求。全力支持外贸企业保市场、保份额、保订单，推动更多地方法人银行等金融机构为复工复产的中小微企业提供低成本、普惠性的资金支持。

二是引导金融机构加大对市场主体的资金支持。推动相关部门深入摸排小微企业、个体工商户等经营状况和复工复产最迫切的融资需求。推动银行业金融机构摸排展期贷款底数，引导银行业金融机构调整还款付息安排，前移续贷沟通环节，完善存量贷款展

期续贷衔接，解决企业资金周转困难。

三是引导金融机构创新金融产品和服务。指导金融机构创新“复工贷”“纾困贷”“稳业贷”等专项信贷产品，通过在地方金融综合服务平台开设支持企业复工复产再贷款再贴现金融产品专项板块，设立受疫情影响小微企业融资绿色通道等特殊服务，精准高效为复工复产的中小微企业提供金融服务。

四是加强与地方政府沟通协调，推动出台配套政策。支持有条件的地方政府建立风险补偿资金池，用于提供贷款贴息和奖励、政府性融资担保机构资本补充等，支持受疫情影响较大的中小微企业和行业。推动地方政府搭建和完善企业信用信息平台，提供企业信用风险评价数据和信息，发挥信贷配套支持作用。

五是加大政策宣传力度，让更多企业受惠。充分利用新闻媒体、微信公众号、印制宣传手册等方式，宣传再贷款再贴现专用额度政策以及各地配套措施，并汇集金融机构良好做法和案例，让更多企业能够享受到优惠政策。

（二）督促落实防范化解重大金融风险攻坚战工作部署，注重平衡好稳增长和防风险的关系

防范化解重大金融风险攻坚战开始以来，金融委靠前指挥，各部门、各地方加强协同配合，取得重要成果。金融委办公室地方协调机制围绕金融委工作部署，因地制宜，督促落实防范化解重大金融风险攻坚战工作部署。金融委办公室地方协调机制一边着手建立，一边积极配合地方政府，立足地方实际，针对突出风险隐患，协助提出防范化解本辖区金融风险的举措。

一是加强信息共享，强化金融风险监测与研判。强化监管协调和信息共享，梳理共享清单目录，利用金融科技构建多边性、制度性框架。加强对区域金融风险及处置情况的监测、跟踪和摸排，作出评估，绘制地方金融风险图谱，推动建立各部门协调统一、联合实施的风险早期纠正机制，对风险早发现、早报告，推进早处置。

二是协调推进化解地方法人金融机构风险。配合处置地方金融风险，继续推进锦州银行、恒丰银行等风险处置工作。配合地方政府稳妥推进高风险中小金融机构风险处置工作，多渠道补充中小银行资本。敦促中小金融机构推进自身改革，回归本源，坚持功能定位，完善公司治理，约束大股东行为，防范道德风险。

三是推动地方互联网金融等涉众金融风险整治。金融委办公室地方协调机制协助人民银行、银保监会牵头的工作机制，持续推动互联网金融、非法集资等涉众金融风险处置。不少地方创新工作方法，在统筹推进金融改革和化解风险方面积极开展探索。

三、下一步工作重点

作为金融委办公室在地方的工作平台，下一阶段金融委办公室地方协调机制将进一步发挥好统筹协调作用，督促落实金融委重点工作。

一是协调推动金融支持经济社会发展，强化对涉及多部门事项的统筹安排。协调解决金融支持疫情防控和经济社会发展政策实施过程中存在的“堵点”，注重各项政策的协同配合，推动地方经济平稳运行。发挥好信息交流、沟通协调、落实督查、调查研究平台的作用，加强信息共享和政银企对接，配合做好金融支持稳企业保就业工作。

二是合力防范化解重大金融风险。加强重大突发事件应对和重要监管措施的沟通协调以及风险信息共享，密切监测区域金融风险。加强与地方政府金融工作议事协调机制的配合，必要时向地方政府提示风险，提出专业化的风险防范处置思路，协调推动分类处置金融风险。

三是支持区域改革发展。加强分析研判区域经济金融形势，支持区域金融改革创新，推动加快改革开放。

专题十一　央行金融机构评级结果分析

2019年，人民银行按季对4400余家银行业金融机构开展央行金融机构评级（以下简称央行评级），摸清风险底数，精准识别高风险机构，在防范化解重大金融风险攻坚战中发挥了重要作用。

一、央行评级总体框架

评级对象。参评机构包括全部银行机构及企业集团财务公司、金融租赁公司、汽车金融公司、消费金融公司等四类非银行金融机构。

评级框架。评级指标体系采用数理模型和专业评价相结合的方式，数理模型和专业评价得分加权平均即为评级最终得分。数理模型使用Logistic方法，从资本状况、资产质量、预期损失抵补能力、盈利能力、运营效率和经营规模等六个方面客观评估金融机构的经营水平和风险状况。专业评价采用打分卡模式，包括定量指标和定性指标，根据机构重要性和类型特点差别化设计五套打分卡，包括公司治理、内部控制、资产质量、资本管理、流动性管理、市场风险、盈利能力、信息系统、金融生态环境等九大模块以及特定的红线指标。红线指标是指出现特定风险情形等对金融机构经营有重大负面影响的指标，一旦金融机构出现触发红线指标事项，人民银行可根据情况直接下调评级等级。

评级频率。每季度开展一次评级，并向评级对象通报本季度评级结果。每年度至少开展一次现场评级，相关定性评价本年度保持不变，季度评级时根据最新数据动态更新定量结果。同时，人民银行可根据风险监测情况增加现场评级次数。

评级等级。评级等级划分为11级，分别为1-10级和D级，级别数值越大表示机构的风险越高，D级表示机构已倒闭、被接管或撤销。评级结果为8-10级和D级的金融机构被列为高风险机构。成立不满一年的新设机构直接设为4级。

二、2019年第四季度央行评级结果

2019年第四季度，央行评级范围涵盖了4400家银行业金融机构（见表3-2），其中大型银行24家、中小银行4005家、非银行金融机构371家。

表3-2　　2019年第四季度央行评级参评机构及评级结果分布情况

机构分类	机构类型	机构数量	评级结果分布
银行机构	开发性银行和政策性银行	3	1-7级
	大型商业银行	6	
	股份制商业银行	12	
	城市商业银行	134	2-D级
	农村商业银行	1468	2-10级
	农村合作银行	28	6-10级
	农村信用社	687	2-10级
	村镇银行	1630	2-10级
	民营银行及其他	19	2-7级
	外资法人银行	42	2-7级
	小计	**4029**	—
非银行金融机构	企业集团财务公司	255	2-D级
	汽车金融公司	25	3-10级
	金融租赁公司	67	3-10级
	消费金融公司	24	3-7级
	小计	**371**	—
总计		**4400**	—

从整体上看，评级结果呈正态分布。评级结果为1-5级的2106家，占比47.9%；6-7级的1749家，占比39.8%；8-D级的高风险金融机构545家，占比12.4%，主要集中在农村中小金融机构（见图3-1）。

从机构类型看，大型银行评级结果最好，农合机构风险较高。大型银行评级结果为1级的2家，2级的12家，3级的6家，4级和7级的各2家。中小银行中，外资法人银行和民营银行的评级结果最好，分别有36%、28%的机构分布于2-3级，资产占中小银行总资产分别为1.39%、0.58%；村镇银行和城商行的评级结果次之，分别有89%、73%的机构分布于4-7级，资产占中小银行总资产分别为2.11%、27.65%；农合机构（农商行、农信社、农合行）风险最高，高风险机构数量分别为178家、189家、11家，数量占本类型机构比例分别为12.1%、27.5%、39.3%，资产占中小银行总资产分别为3.05%、1.83%、0.14%。

从地区分布来看，各地区风险状况差异较大。北京、上海、深圳、浙江、江苏、福建等地区无高风险机构或数量较少，超过70%的机构评级为1-5级。

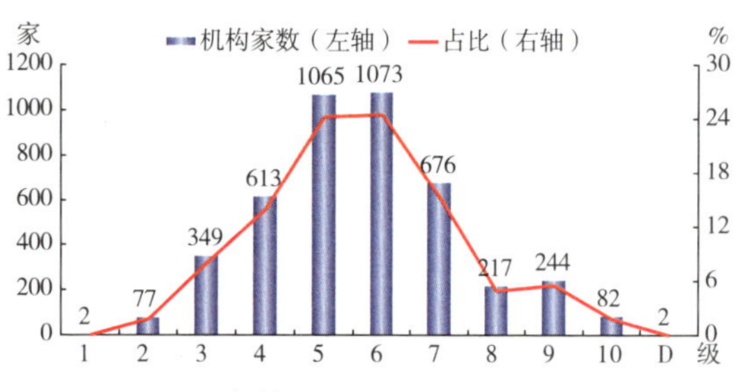

图3-1　2019年第四季度央行评级结果分布情况

（数据来源：中国人民银行）

总体看，我国银行业金融机构整体经营稳健，风险总体可控。2019年第四季度高风险金融机构数量环比大幅减少104家，较上年同期减少42家，风险有所收敛，防范化解重大金融风险攻坚战取得阶段性成效。

三、央行评级结果运用

央行评级是人民银行开展风险监测和维护金融稳定的一项重要基础性工作。除在差别化管理中运用评级结果外，人民银行还依托金融委办公室协调机制，与地方政府、金融监管部门加强沟通协作，不断丰富评级结果的应用场景。

强化评级结果运用，提升政策传导效果。目前，人民银行在核定存款保险差别费率、开展宏观审慎评估（MPA）、审批再贷款授信额度、核准金融机构发债等工作中，充分利用央行评级结果，切实发挥央行评级引导金融机构审慎经营的作用。2020年，人民银行规定评级结果为1-5级的地方法人机构才能申请对普惠小微信用贷款的政策支持。

拓宽评级应用范围，丰富外部应用场景。2019年下半年，人民银行与证监会建立沟通机制，根据央行评级情况，为银行发行上市、增资扩股等重大事项提供参考意见。同时，评级结果也是国库现金管理招标、地方财政资金管理招标的参考依据。

采取早期纠正，增强风险防控的主动性。人民银行采取“一对一”通报、约谈高管、下发风险提示函和评级意见书等多种早期纠正措施，并推动部分地区省联社将评级结果纳入对地方农村法人金融机构绩效考核，以此增强金融机构风险防控的自觉性和主动性。2019年，245家金融机构通过早期纠正措施退出高风险机构名单。

加强监管联动，提高风险监测的协同性。通过数据交换、往来函件、电话沟通等方式，人民银行和监管部门共享在各自履职过程中掌握的行业整体风险情况及个别金融机构突出风险，及时进行会商研判，实现监管资源整合，推动监管关口前移。

压实各方责任，加强风险处置的有效性。人民银行定期向地方政府和金融监管部门通报央行评级结果和高风险金融机构具体情况，将评级结果与攻坚战目标相结合，督促地方政府采取措施帮助高风险机构化解风险，制定风险处置方案，压实地方政府风险化解属地责任。

专题十二　稳妥有序推进资管行业转型发展

《关于规范金融机构资产管理业务的指导意见》（以下简称资管新规）实施以来，人民银行会同监管部门，通过去通道、破刚兑、限错配、降杠杆等措施，引导资管业务良性发展，影子银行无序扩张得到有效治理。当前，受新冠肺炎疫情影响，经济下行压力加大，金融管理部门将进一步把握好防风险与稳增长的关系，稳妥有序推进资管行业转型发展。

一、持续推进资管行业健康发展

不断完善规章制度。金融管理部门继续完善资管业务标准规制，补齐监管短板。一是出台《标准化债权类资产认定规则》，明确标准化债权类资产的认定范围和认定条件。二是发布《关于进一步明确规范金融机构资产管理产品投资创业投资基金和政府出资产业投资基金有关事项的通知》，切实增强金融服务实体经济能力。三是出台《商业银行理财子公司净资本管理办法（试行）》，引导理财子公司树立审慎经营理念。四是发布《保险资产管理产品管理暂行办法》，统一保险资管产品监管标准。五是出台《关于金融资产投资公司开展资产管理业务有关事项的通知》，规范金融资产投资公司资管业务。此外，正在研究制定关于规范现金管理类理财产品和资金信托的相关规定。

积极落实资管新规各项要求。银保监会加强非现场监测，全面梳理银行理财、资金信托、保险资管业务存在的问题，要求相关机构开展存量产品自查、制定整改计划、定期报送整改进度；多次开展行业风险摸底排查，特别是紧盯非标资金池、通道业务等重点整改领域，摸清风险底数，扎实做好风险防控工作。证监会对证券期货经营机构细化整改要求，按季度监测分析，压实机构主体责任，要求机构制定整改方案、明确整改进度，并开展专项现场检查，严格监管执法。

合理调整相关安排。人民银行会同发展改革委、财政部、银保监会、证监会、外汇局等部门，充分考虑2020年以来疫情影响的实际情况，在坚持资管新规政策框架和监管要求的前提下，审慎研究决定，延长资管新规过渡期至2021年底，同时建立健全激励约束机制，完善配套政策安排，平稳有序推进资管行业规范发展。

二、资管行业转型取得积极进展

我国已形成由商业银行、商业银行理财子公司、信托公司、证券期货经营机构、金融资产投资公司、保险资产管理公司等金融机构组成的资产管理行业格局。截至2019年末，金融机构存续资管产品募集资金余额79.4万亿元①。其中，银行理财产品占比30.5%、证券期货经营机构私募资管产品占比24.2%、信托公司资管产品占比23.4%、公募基金占比18.6%、保险资管产品占比3.3%，金融资产投资公司资管产品仅235亿元，占比较小。

资管产品逐步回归本源。在金融管理部门和金融机构的共同努力下，资管业务有序转型。一是净值型产品占比稳步提升。截至2019年末，净值型资管产品募集资金余额43.9万亿元，占全部资管产品的55.2%，同比提高8.8个百分点。二是资金空转现象得到有效遏制。截至2019年末，资管产品来源于同业的资金同比减少5.4万亿元。三是强化风险隔离。金融监管部门推动商业银行设立理财子公司开展资管业务，截至2019年末，已批准16家商业银行设立理财子公司，其中11家已开业运营②。四是持续助力实体经济发展。截至2019年末，资管产品直接配置到实体经济的资金余额37.1万亿元，占资管产品总资产的43.0%。

资管业务结构进一步优化。一是银行理财产品余额增加，净值型产品占比提高。截至2019年末，银行理财产品余额24.2万亿元，同比增加2.2万亿元，增幅9.9%，其中净值型产品占比同比提高17.6个百分点。嵌套投资其他特定目的载体规模同比下降9.4%。二是信托公司资管产品余额下降，不合规产品逐步压降。截至2019年末，信托公司资管产品余额18.6万亿元，同比下降1.5万亿元，降幅7.5%；同业通道类业务同比下降29.3%③。三是公募基金总体合规程度较高，余额持续增长。截至2019年末，公募基金余额14.8万亿元，同比增加1.7万亿元，增幅13.3%④。四是证券期货经营机构私募资管产品余额下降，通道类业务压降明显。截至2019年末，证券期货经营机构私募资管产品余额19.2万亿元，同比下降3.3万亿元，降幅14.7%。其中，通道类业务同比下降28.1%⑤。五是保险资管产品余额保持稳定。截至2019年末，保险资管产品余额2.6万亿元，与上年末基本持平（见图3-2）。

---

① 本专题数据如无特殊说明，均来自人民银行。

② 数据来源：银保监会。

③ 数据来源：银保监会。

④ 数据来源：证券投资基金业协会。

⑤ 数据来源：证券投资基金业协会。

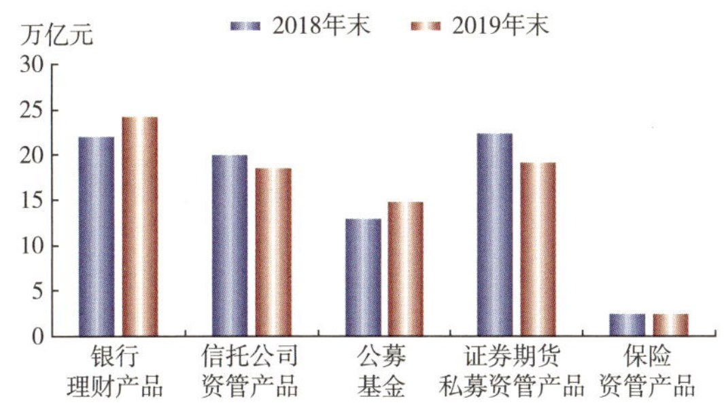

图3-2　各行业资管产品变化情况

（数据来源：中国人民银行）

三、稳步推进资管行业转型升级

下一步，人民银行将继续加强各类资管产品运行情况监测，会同监管部门稳妥有序推进资管业务整改，培育长期资金，扩大对外开放，为资管行业转型升级提供良好环境。

强化主体责任，稳妥完成整改。要求金融机构制定整改方案、落实整改任务。引导金融机构加快业务转型升级，积极提升投研能力、主动管理能力和产品创新能力，实现长期健康发展。

加强监管协调，严控增量风险。金融管理部门进一步加强协调，密切监测各类资管产品整改、运作情况，强化激励约束机制，既要防范金融机构道德风险，又要防范业务整改引发的风险。

创造良好环境，支持实体经济。着力培育长期投资者和合格投资者，引导金融机构将合适的产品卖给合适的投资者，将资金投向合适的资产，促进发行长期限资管产品，为实体经济提供稳定资金来源。

扩大对外开放，借鉴国际经验。继续推进我国资管行业对外开放，鼓励境外金融机构参与设立、投资入股商业银行理财子公司，允许境外资产管理机构与中资银行或保险公司的子公司合资设立由外方控股的理财公司。引导金融机构借鉴国际资产管理行业先进成熟的投资理念、经营策略、激励机制和合规风控体系，取长补短，提升管理能力，进一步丰富市场主体和金融产品，促进资管业务转型升级。

专题十三　以永续债为突破口，推动银行补充资本

在经济下行压力加大的背景下，人民银行以永续债发行为突破口，缓解银行支持实体经济面临的资本约束，将合格的银行永续债纳入央行操作担保品范围，并创设央行票据互换工具，为银行发行永续债提供支持。自2019年1月国内首只银行永续债成功发行以来，永续债逐步成为银行补充一级资本的重要渠道，金融支持实体经济可持续性不断增强。

一、找准关键环节，推动发行永续债缓解银行资本约束

银行是信用创造的主体，是货币政策传导的中枢，银行资本则是金融和实体经济循环的重要纽带。2018年以来，在我国经济下行压力加大的背景下，由于面临资本约束，银行放贷能力受到限制，制约了经济金融的发展。由于银行补充资本的渠道有限，资本补充进展缓慢，特别是其他一级资本占比较低。在这种情况下，亟须找到能够补充银行资本的有效手段，提高银行支持实体经济能力和抗风险能力，强化“实施稳健货币政策、增强微观主体活力、发挥好资本市场功能”的三角支撑框架，促进经济金融良性循环。

永续债是补充银行其他一级资本较为有效的手段。永续债具有一定损失吸收能力，可计入银行其他一级资本，以永续债为突破口解决商业银行资本补充难题，是较好的选择。在我国引入银行永续债产品，既可以拓宽银行资本补充渠道，优化银行的资本结构，增强风险抵御和信贷投放能力，有利于更好地支持实体经济；又可以丰富债市产品序列，给投资者提供投资标的，促进市场深化发展。

人民银行会同相关部门积极解决永续债发行障碍。一是将永续债到期日设为银行的存续期，解决《公司法》与监管要求的冲突。推出永续债的主要障碍在于，按照《商业银行资本管理办法（试行）》，永续债计入银行其他一级资本，不能有固定期限，而我国《公司法》要求公司债券应在一定期限还本付息。人民银行与银保监会、财政部、全国人大法工委等部门反复沟通，还与巴塞尔银行监管委员会直接征询确认，在现行法律、监管和会计框架下探索出一套国际认可、符合国情的可行模式，将永续债的到期日设为银行的存续期，解决了上述矛盾。二是推动明确永续债利息可由发行方税前列

支。永续债利息的税前列支问题直接关系到其发行价格，是影响银行发行永续债意愿和市场对银行永续债接受程度的重要因素。人民银行与财政部和监管部门积极协调，明确银行永续债可以税前列支，提高了银行发行永续债的意愿及永续债的吸引力。

二、创设央行票据互换工具，改善银行永续债发行环境

考虑到市场有一个认识和接受的过程，银行永续债发行初期可能面临流动性不足等问题，为提高其流动性，支持银行利用好这一资本补充渠道，人民银行在2019年1月首只银行永续债发行时，即创设了央行票据互换工具（CBS）。机构可以使用其持有的合格银行发行的永续债，支付必要的费用，从人民银行换入等额央行票据。CBS操作中，双方只交换债券本金，不交换债券利息，永续债利息仍归持有机构所有。CBS操作的期限原则上不超过3年，到期时双方换回债券。互换的央行票据不可用于现券买卖等交易，但可用于抵押，包括用作机构参与央行货币政策操作的抵押品。

CBS有助于增加银行永续债持有机构的优质抵押品，提高银行永续债的市场流动性，增强市场机构认购意愿，从而改善银行永续债的发行环境。CBS操作的本质是“以券换券”，不涉及基础货币吞吐，对银行体系流动性的影响是中性的。CBS操作可以有效支持银行发行永续债补充资本，既有利于加大金融对实体经济的支持力度和防范化解金融风险，也有利于促进货币政策传导，缓解小微企业、民营企业融资难、融资贵问题，是一种针对性强、接地气的政策设计。虽然每次操作量不大，但起到了引领和拉动市场的作用，推动了银行永续债一、二级市场的发展。一方面，CBS的推出充分显示了央行对银行永续债这一新型资本补充工具的重视程度，表明了央行支持银行发行永续债补充资本的积极、务实态度，进而使得市场对银行永续债的关注度明显上升，为银行永续债发行顺利“破冰”创造了有利条件；另一方面，央行自2019年初以来持续开展CBS操作，在迅速提升银行永续债市场接受度的同时，也通过政策支持实质性地改善了银行永续债的市场流动性，增强了各类市场主体的认购意愿。

截至2020年5月末，人民银行已累计开展了12期、580亿元CBS操作，余额为175亿元。参与CBS操作的机构不断增加，包括大型商业银行、股份制银行、城商行、农商行等银行机构，以及证券公司等非银行金融机构。换入的债券既有大型商业银行和股份制银行发行的永续债，也有城商行、农商行等中小银行发行的永续债，体现了央行对中小银行发行永续债补充资本的支持。

三、银行永续债市场稳步发展，银行支持实体经济可持续性得到提升

永续债已经成为银行补充一级资本的重要渠道。自2019年1月国内首只银行永续债成功发行以来，一级市场上银行永续债发行节奏不断加快，发行主体持续增多。截至2020年5月末，已有26家银行成功发行了30只永续债，发行量达8525亿元，发行主体涵盖大型商业银行、股份制商业银行、城商行、农商行、民营银行等各类商业银行（见表3-3），认购主体覆盖银行理财、基金等各类资管产品，以及证券公司、保险公司、银行等各类机构，其中各种资管产品和非银机构是持有银行永续债的主力，这为银行永续债发行的可持续性提供了保障。

表3-3　银行永续债发行情况

（截至2020年5月31日）

机构名称	发行日期	债券简称	发行量（亿元）
中国银行	2019年1月29日	19中国银行永续债	400
民生银行	2019年6月4日	19民生银行永续债	400
华夏银行	2019年6月26日	19华夏银行永续债	400
浦发银行	2019年7月12日	19浦发银行永续债	300
工商银行	2019年7月30日	19工商银行永续债	800
农业银行	2019年8月20日	19农业银行永续债01	850
农业银行	2019年9月5日	19农业银行永续债02	350
渤海银行	2019年9月17日	19渤海银行永续债	200
交通银行	2019年9月20日	19交通银行永续债	400
广发银行	2019年9月27日	19广发银行永续债	450
建设银行	2019年11月15日	19建设银行永续债	400
台州银行	2019年11月19日	19台州银行永续债01	16
威海商业银行	2019年12月2日	19威海商行永续债	30
徽商银行	2019年12月3日	19徽商银行永续债	100
中信银行	2019年12月11日	19中信银行永续债	400
平安银行	2019年12月26日	19平安银行永续债01	200
杭州银行	2020年1月17日	20杭州银行永续债	70
平安银行	2020年2月25日	20平安银行永续债01	300
泸州银行	2020年3月18日	20泸州银行永续债01	10

续表

机构名称	发行日期	债券简称	发行量（亿元）
邮储银行	2020年3月18日	20邮储银行永续债	800
桂林银行	2020年3月31日	20桂林银行永续债	32
江苏银行	2020年4月1日	20江苏银行永续债	200
深圳农商行	2020年4月10日	20深圳农商永续债	25
华融湘江银行	2020年4月17日	20华融湘江永续债	53
中国银行	2020年4月30日	20中国银行永续债01	400
农业银行	2020年5月12日	20农业银行永续债01	850
东莞银行	2020年5月22日	20东莞银行永续债	22
湖州银行	2020年5月26日	20湖州银行永续债	12
北部湾银行	2020年5月27日	20北湾银行永续债	30
泰隆商业银行	2020年5月29日	20泰隆银行永续债	25

银行永续债二级市场不断发展。现券成交日益活跃，以银行永续债为标的开展的债券回购交易也日益增多，市场深度和广度不断拓展。2020年前5个月，银行永续债现券成交2142笔，金额3118亿元，其中4月成交额达947亿元，创银行永续债发行以来的历史新高；月均成交额达624亿元，比2019年全年月均水平增长81%（见图3-3）。

总体上，目前银行永续债市场已经步入了良性发展轨道。一方面，市场自发形成的以私人需求为主的投资者结构为银行永续债持续发行提供了较好基础；另一方面，发行量增长与政策支持推动了银行永续债二级市场的发展，这反过来又促进了一级市场发行，从而形成一、二级市场互相促进的良性循环。按照目前的发展趋势，银行永续债将成为我国债券市场的重要品种，不仅能够为广大银行补充资本提供有效渠道，也可以为境内外投资者提供更多投资选择。

下一阶段，相关部门还要继续推动银行发行永续债补充一级资本，进一步增强银行支持实体经济的可持续性。人民银行将综合考虑市场情况和金融机构合理需求，继续采用市场化方式稳妥审慎开展CBS操作，支持各类银行特别是经营稳健的中小银行发行永续债补充资本，努力形成市场化补充银行资本、恢复银行信贷扩张能力、支持经济企稳向好的经济金融良性循环。

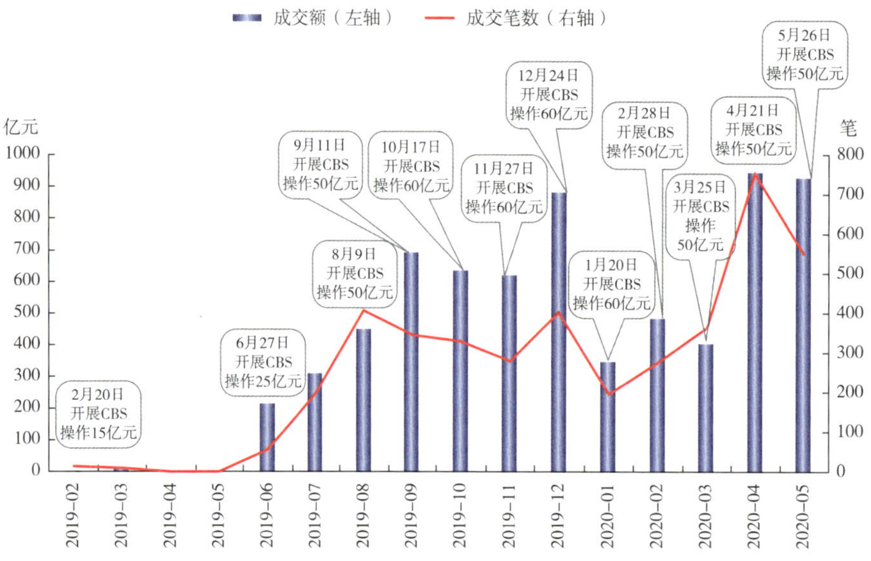

图3–3　CBS操作与银行永续债二级市场成交情况

专题十四　构建我国金融控股公司监督管理框架

近年来，随着我国经济金融发展和对外开放程度不断提高，金融控股公司快速发展，有利于满足各类市场主体对多元化金融服务的需求，提升金融服务实体经济的能力。但在实践中，少部分企业盲目向金融业扩张，隔离机制缺失，风险不断累积。2020年9月，国务院发布《关于实施金融控股公司准入管理的决定》（以下简称《准入决定》），授权人民银行对金融控股公司开展市场准入管理并组织实施监管。人民银行同步发布《金融控股公司监督管理试行办法》（以下简称《金控办法》），进一步细化相关监管要求。下一步，人民银行将不断完善金融控股公司监管框架，依法开展金融控股公司准入管理和持续监管，防范系统性风险，推动金融控股公司健康可持续发展，提升服务经济高质量发展的能力。

一、实施金融控股公司监管的重要意义

金融控股公司的本质特征是对两个或两个以上不同类型金融机构拥有实质控制权。主要发达经济体普遍通过金融控股公司提供综合化金融服务，其在整合金融资源、开展金融创新、提高服务效率、分散经营风险等方面具有积极作用。鉴于金融控股公司通常规模大、业务多元、关联度较高、风险外溢性强，在一国或地区经济金融体系中占据重要地位，美国、日本、韩国等国家都进行了专门的立法，明确对金融控股公司实施准入许可和监管。2008年国际金融危机后，主要国家和地区更加强调整体监管，以防范化解系统性风险为核心，降低风险的复杂性、传染性和集中性，提高了对金融控股公司资本充足、公司治理、风险隔离等方面的审慎监管标准。

近年来，我国一些大型金融机构开展跨业投资，形成金融集团；还有部分非金融企业投资控股了多家多类金融机构，形成一批具有金融控股公司特征的企业。其中，一些实力较强、经营规范的机构通过这种模式，优化了资源配置，降低了成本，丰富和完善了金融服务，有利于满足各类企业和消费者的需求，提升金融服务实体经济的能力。但实践中，少部分企业盲目向金融业扩张，风险和问题不断累积。一是缺乏金融专业知识和合规意识，风险隔离机制不健全，金融业风险和实业风险交叉传染。二是少部分企业利用复杂的股权安排等手段，隐匿股权架

构，组织架构复杂不透明，虚假注资、循环注资，风险底数不清。三是少数企业借助控股地位，通过不当关联交易输送利益，损害金融机构和其他投资者的合法权益。一直以来，我国对金融控股公司整体监管方面存在空白，迫切需要明确监管规则，补齐制度短板，建立金融控股公司监管体系。

党中央、国务院多次指出要统筹监管金融控股公司，补齐监管短板，所有金融业务要纳入监管。第五次全国金融工作会议明确，人民银行负责金融控股公司等金融集团基本规则制定、监测分析和并表监管。《准入决定》授权人民银行对金融控股公司开展市场准入管理，实施监管。根据《准入决定》，人民银行制定出台了《金控办法》。《准入决定》和《金控办法》的实施，有利于防范风险跨机构、跨行业、跨市场传染，推动金融控股公司持续健康发展，提升服务实体经济质效。

二、《金控办法》的总体思路和主要内容

《金控办法》遵循宏观审慎管理理念，坚持金融业总体分业经营为主的原则，从制度上隔离实业板块与金融板块，对非金融企业投资控股形成的金融控股公司依法准入，以并表为基础，实施全面、持续、穿透监管，规范金融控股公司经营行为。

明确监管范围，实施市场准入管理。坚持金融业是特许经营行业的理念，《准入决定》和《金控办法》明确，具备以下情形的，应当提出申请，经批准设立金融控股公司，以有效隔离实业板块与金融板块：一是控股股东、实际控制人为境内非金融企业、自然人以及经认可的法人；二是实质控制两类或两类以上金融机构；三是实质控制的金融机构的总资产或受托管理资产达到一定规模，或者按照宏观审慎监管要求需要设立金融控股公司。

建立监管架构，加强部门间协作。人民银行从宏观审慎管理角度，对金融控股公司开展持续监管。金融管理部门依法按照金融监管职责分工，对金融控股公司所控股金融机构实施分业监管。相关部门之间建立跨部门工作机制，加强监管协作和信息共享，形成监管合力。

明确股东资质条件，规范股东行为。一是要求金融控股公司主要股东、控股股东或实际控制人核心主业突出，公司治理规范，股权结构清晰，股东和最终受益人结构透明，风险管理和内控机制有效，财务状况良好等。二是对主要股东、控股股东和实际控制人连续盈利等提出差异化要求。三是设定负面清单，明确禁止金融控股公司控股股东从事的行为，以及不得成为金融控股公司主要股东、控股股东或实际控制人的情形，包括曾经虚假投资、循环注资金融机构等。

加强资金合规性监管，确保资本充足。一是投资资金来源真实可靠，法人、自然人

应以合法自有资金，不得以委托资金等非自有资金及投资基金等方式投资金融控股公司。二是金融控股公司应以合法自有资金投资控股金融机构，不得虚假注资、循环注资，不得抽逃金融机构资金。对金融控股公司的资本合规性实施穿透管理。三是以并表管理为基础，建立资本充足性监管制度，确保金融控股公司、所控股金融机构及集团整体的资本与其资产规模和风险水平相适应。

明晰股权结构，优化治理架构。一是金融控股公司应具有简明、清晰、可穿透的股权结构，法人层级合理，与自身资本规模、经营管理能力和风险管控水平相适应，所控股机构不得反向持股、交叉持股。二是金融控股公司所控股的金融机构不得再成为其他类型金融机构的主要股东，但金融机构控股与自身同类型的或属于业务延伸的金融机构并经金融管理部门认可的除外。三是在《金控办法》实施前已存在的，但股权结构不符合要求的企业集团，经金融管理部门认可后，在过渡期内降低组织架构复杂程度，简化法人层级。

完善公司治理，规范关联交易。一是金融控股公司应完善公司治理结构，依法参与所控股机构的法人治理，不得干预所控股机构的独立自主经营。二是建立金融控股公司的董事、监事和高级管理人员任职备案制度，规范高级管理人员的相互兼任。三是金融控股集团相关关联交易应依法合规、遵循市场原则，不得隐匿关联交易和资金真实去向，不得通过关联交易进行利益输送、规避监管等。

加强全面风险管理，完善“防火墙”制度。一是金融控股公司应建立统一的全面风险管理体系，与金融控股集团组织架构、业务规模、复杂程度和声誉影响相适应。二是全面风险管理体系应覆盖金融控股公司所控股机构和各类风险，包括由地方政府依法批设或监管的从事金融活动的机构。三是建立健全风险“防火墙”制度，对集团内部的业务往来、信息共享等行为进行合理隔离，规范发挥协同效应，注重客户信息保护。

合理设置过渡期，引导有序调整。《金控办法》对存量企业合理设置过渡期安排，以促进平稳过渡。《金控办法》实施前已具备设立情形但尚未达到相关监管要求的企业集团，应根据自身实际情况制定整改计划，经金融管理部门同意，在一定期限内进行调整。

三、积极稳妥实施《金控办法》，推动金融控股公司规范发展

《金控办法》是国内第一个关于金融控股公司的全面监管政策，于2020年11月1日起施行。《金控办法》的发布实施，是对当前我国金融业以分业经营、分业监管为主格局的补充和完善，有助于整合金融资源，推动金融供给多元化，提升金融控股公司及

所控股金融机构的经营稳健性和竞争力；有助于防范风险交叉传染，规范市场秩序，推动各类机构有序竞争、良性发展。下一步，人民银行将遵循公开、公平、公正的原则，依法依规、稳妥有序开展金融控股公司准入管理和持续监管，制定配套细则，完善制度框架，防范化解风险，促进经济金融良性循环。

完善制度框架，补齐监管短板。在《金控办法》的基础上，研究制定配套文件，包括并表管理、关联交易管理和资本管理等规则，不断完善金融控股公司监管制度体系，提高针对性和可操作性。

开展准入管理，加强源头管控。按照《金控办法》要求，对符合条件的市场主体申请设立金融控股公司，依法进行受理和审批，做好行政许可服务工作。严把市场准入关，确保金融控股公司引入经营状况良好、公司治理规范、杠杆水平适度的股东，规范股东行为，依法参与法人治理和重要事项决策，维护中小股东、金融控股公司和金融机构的合法权益。

坚持审慎监管，推动稳健经营。从宏观审慎管理理念出发，落实监管要求，通过信息报告、非现场监测、现场检查、监管谈话等方式，有效识别、计量、监测金融控股集团的总体风险与合规状况。建立健全风险评估指标体系，将定性和定量手段相结合，实施差异化监管，引导金融控股公司依法合规、稳健经营。

稳妥实施调整，平稳有序过渡。对于一些具备设立情形的存量企业，如果存在需调整股权结构等状况，将统筹考虑市场承受能力和企业的实际，合理设置过渡期限，把握好节奏和时机，分类施策，引导相关存量企业稳妥有序调整，推动《金控办法》平稳实施。

专题十五　分类施策稳妥化解三家中小银行风险

精准处置高风险中小银行风险是防范化解重大金融风险攻坚战最艰巨的任务之一。在党中央、国务院统一部署下，在国务院金融稳定发展委员会靠前指挥下，人民银行会同各部门各地方，采取针对性处置方式，稳妥处置包商银行、恒丰银行、锦州银行等中小银行风险，守住了不发生系统性金融风险的底线。

一、三家银行的不同风险处置方式及效果

（一）以收购承接方式处置包商银行风险

因大量资金被大股东“明天系”违法违规占用，长期难以归还，包商银行出现严重信用危机，触发法定接管条件，2019年5月24日被依法接管。接管启动前，据人民银行会同银保监会派驻现场的联合调研组摸底，包商银行实际已资不抵债，几次市场化重组均告失败。同时，包商银行涉及同业交易对手数百家，其中逾60%为中小金融机构。针对包商银行的风险特征，由存款保险基金提供部分资金支持，促成新设银行收购承接包商银行资产负债和业务。

经各方努力，包商银行大额债权收购、清产核资等工作如期完成，改革重组进展顺利。2020年4月30日，蒙商银行公告设立，包商银行内蒙古自治区外4家分行公告转让给徽商银行；5月25日，蒙商银行和徽商银行收购的4家分行对外全面营业，包商银行风险处置收尾工作也按计划有序推进。整个风险处置，既最大限度保护存款人和其他客户的合法权益，维护社会稳定大局，守住了不发生系统性金融风险的底线，又坚持市场纪律，有序打破刚性兑付，打破规模和牌照信仰，促进了风险合理定价，对恢复市场秩序、完善金融法律和制度建设具有重大意义。

（二）以“地方政府注资+引战重组”的方式处置恒丰银行风险

恒丰银行公司治理薄弱、经营管理混乱，接连两任董事长违法违纪被查，风险逐步暴露，声誉严重受损，出现流动性紧张的局面。恒丰银行作为山东省唯一的全国性股份制银行，对当地经济金融和社会发展尤为重要，山东省政府主动履行属地风险化解责任，按照市场化、法治化原则，牵头制定了地方政府注资及引入战略投资者进行重组的恒丰银行改革方案。

在中央有关部门支持下，恒丰银行改革重组工作进展顺利，山东省政府积极压实老股东吸损责任，严肃追究违法违纪高管责任，积极引入汇金公司等战略投资者，加强公司治理改革，推动恒丰银行健康可持续发展。截至2019年底，恒丰银行完成不良资产剥离，引入1000亿元战略投资者资金，顺利完成股改建账，资本充足率等核心监管指标均达到监管要求。目前，恒丰银行改革重组工作基本完成。

（三）以“在线修复”方式化解锦州银行风险

锦州银行股权高度分散，内部人控制严重，且资产规模大、同业关联度高。2019年5月，锦州银行爆发严重的同业挤兑危机，情势较为紧急，人民银行、银保监会会同辽宁省政府果断决策，快速引入战略投资者为锦州银行提供增信，多措并举化解锦州银行同业“挤兑”危机，大幅改善了市场对中小金融机构稳健性的预期，截断了风险传染。

锦州银行不良资产规模大，为使其重回正常经营轨道，必须实施财务重组。成方汇达公司以市场化价格收购锦州银行1500亿元不良资产，并会同辽宁省国资平台共同出资121亿元认购62亿股锦州银行新发股份。财务重组过程中严格夯实了各方责任，锦州银行及原有问题股东依法承担历史损失，不良资产清收工作有力推进。锦州银行2019年年报期后事项显示，财务重组完成后，锦州银行核心一级资本充足率、一级资本充足率、资本充足率分别达8.85%、10.38%、12.56%，账面不良贷款率下降至1.95%。目前锦州银行改革重组工作顺利完成，基本恢复自我“造血”功能，初步具备正常经营能力，风险得到稳妥化解，未对金融市场形成大的冲击。锦州银行风险处置成为上市银行“在线修复”的典型案例。

二、不同风险处置方式抉择的考量

金融风险处置应坚持市场化、法治化原则，在作出处置决策时，要充分考量现实条件和客观约束，包括被处置金融机构的风险类型、系统性影响和处置中的外部约束等多重因素，兼顾稳定大局和防范道德风险，寻求多元目标下的最大公约数。回顾三家中小银行的风险处置，正是充分考虑了各机构的不同特征，才相应采取了不同处置方式，实现了风险的有序稳妥化解。

（一）资可抵债是推动“在线修复”的前提

根据“白芝浩法则”（Bagehot’s Dictum），为避免金融风险恐慌蔓延，中央银行需履行最后贷款人职责，在被救助金融机构提供合格抵质押品的基础上，及时向出险金融机构提供救助，这是有效化解金融机构流动性风险同时防范道德风险的市场化处置方式。在实践中，金融管理部门可结合日常的风险监测和有针对性的专项摸底，判断被处置金融机构是流动性风险还是资不抵债。对于出现流动性风险但资可抵债的金融机构，在其提供合格且充足的抵质押物的前提下，尽量推动“在线修复”，存款保险基金或中央银行可提供流动性资金支持；对于资不抵债的机构，原则上应严肃市场纪律，实施市场退出。在打破刚性兑付、压实股东等各方责任的前提下，可动用存款保险基金参与处置，依法合规为存款人、中小投资者等提供必要的保障。

（二）系统性影响是决定采取何种处置方式的重要考量

对于具有系统性影响的金融机构，即使其已资不抵债，实践中也难以“一破了之”，要权衡好防范系统性风险和防范道德风险之间的关系。对于具体金融机构的处置，应坚持“一事一议”原则，充分考虑其规模、业务复杂性、业务覆盖面、与其他金融机构的关联性等多方面因素，分析其系统性影响，稳妥选择处置方案。此外，对具有系统性影响的金融机构要尽量采取“慢撒气”的方式进行处置，避免引发处置风险的风险。

（三）外部约束是选择处置方式需要考虑的因素

金融风险处置是一项实践性极强的工作，必须考虑处置中的外部约束，具体有：一是对风险底数的掌握程度。理想状态下，处置当局应当充分掌握被处置机构的风险底数。但现实中，摸清风险底数面临较大挑战，被处置机构本身倾向于“捂盖子”，导致数据失真。这一问题在风险处置“十万火急”状态下显得尤为突出。二是处置时的市场状况。市场状况对于处置方案能否顺利实施至关重要，当市场恐慌时，即使有望推动“在线修复”的金融机构也可能面临难以引入战略投资者的困境。此外，在不同市场环境下，即使对同类机构采取类似的处置方式，其风险外溢性也可能截然不同。三是地方政府的重视程度。金融风险处置需充分发挥地方政府作用，压实其属地责任。实践表明，往往地方政府越主动担当、责任压得越实，处置效果越好、进展越顺利。

三、政策建议

金融与风险形影相随，处置金融风险不仅是攻坚战，也是持久战。包商银行、恒丰银行、锦州银行的风险处置具有一定典型性，透过三家中小银行的风险处置实践可以发现，一些经营理念激进、风险偏好过高、公司治理薄弱的中小银行，在经济下行压力加大、监管逐步趋严的背景下，风险非常突出。下一步，要结合三家中小银行等机构风险处置的经验、效果和教训，抓紧补齐制度短板，巩固好防范化解重大金融风险取得的重要成果，建立金融风险防范处置长效机制。

（一）健全高效风险处置机制

在党中央、国务院领导下，金融委牵头抓总、统筹协调，对风险形势进行战略研判，指导有关部门和地方制定金融风险处置方案并督促实施。强化风险处置相关部门的协调配合，强化督促落实。对于违法违规违纪行为，金融委与纪检监察、司法部门加强协调配合，予以严肃处理。

（二）强化人民银行系统性金融风险防范化解职能

人民银行负有防范化解系统性金融风险的职责，按照权责对等原则，应强化或赋予人民银行必要的履职手段。例如，对被处置金融机构进行系统性影响评估；在处置系统性金融风险时，会同有关部门督促问题机构自救，进行早期干预，对股东或债权人采取一定措施，协调地方政府落实风险处置属地责任，提供流动性支持，设立特殊目的实体收购、注资并阶段性持有问题机构股份等。

（三）进一步压实各方责任，防范道德风险

金融机构担负起风险处置主体责任，地方政府承担起属地金融监管职责和风险处置责任，金融监管部门履行好敢于监管、善于监管的监管责任，人民银行在必要时落实好最后贷款人责任。设计好激励约束机制，使金融机构、地方政府和金融监管部门具有内生动力，把化解风险真正当成自己的事情来办，主动担当、主动作为，有效防范道德风险。

（四）明确资金来源和使用顺序，完善处置资金保障体系

从成熟处置实践看，当处置资金筹集主体和使用顺序明晰时，责任主体就有压力和动力加强事前和事中监管，从而降低金融风险积累和爆发的概率，处置中也会尽力实现处置成本最小化。为此，应尽快明确风险处置资金来源和使用顺序，原则上优先以原股东权益吸损、无担保债权减记、地方政府筹资和存款保险基金出资等方式填补资金缺口，必要时，央行发挥最后贷款人职能。同时，考虑创设更多应急资金筹措工具，充实风险处置资金。

（五）健全存款保险制度，发挥存款保险早期纠正和风险处置平台功能

不断完善存款保险制度，探索建立处置银行风险的长效机制。进一步发挥存款保险制度作用，按市场化、法治化原则，进一步拓宽基金使用渠道，探索建立相对独立的机构，建立专业化处置团队，对存款类金融机构实施风险监测、预警、早期介入，做到风险早发现、早控制，必要时可通过直接参股、控股、收购承接、设立过桥银行等方式参与风险处置。在处置系统性风险时，同时发挥好存款保险处置平台功能和人民银行最后贷款人职能。

专题十六 发挥存款保险早期纠正作用，及时防范化解风险

存款保险作为金融安全网的重要组成部分，可以通过早期纠正促使风险早发现、早纠正，推动风险早处置，防止风险积累扩大。实践中，存款保险早期纠正在及时识别风险、推动各方面落实责任、共同化解风险中，已初显成效。

一、存款保险早期纠正有利于促进监管质量和效率的提升

（一）存款保险早期纠正强化了对投保机构的市场约束

存款保险是银行倒闭的最大利益相关方，具有事前主动约束防范金融机构风险的内在动力。赋予存款保险对问题银行的早期纠正职能，有利于实现风险的“早发现、早纠正、早处置”。通过及时对问题银行采取早期纠正措施，能够在事前防止金融风险的积累和扩散，降低风险外溢性，有效避免风险处置难度增大和处置成本大幅上升。

《存款保险条例》明确规定，人民银行、监管部门和存款保险都具有早期纠正的职能。按照条例，当投保机构因重大资产损失等原因导致资本充足率大幅下降，严重危及存款安全以及存款保险基金安全时，人民银行、监管部门和存款保险均可要求投保机构及时采取补充资本、控制资产增长、控制重大交易授信、降低杠杆率等措施化解风险，防止风险进一步恶化和传播。

（二）存款保险早期纠正在风险识别和化解方面发挥补充作用

存款保险和监管部门各有分工，存款保险早期纠正主要关注问题机构的“尾部风险”。从国际经验看，存款保险在投保机构出现重大风险时，有偿付存款、处置风险的职责，其早期纠正职能侧重识别和报告“尾部风险”，推动早期干预和校正，降低银行倒闭的可能性和风险处置成本。实践中，存款保险发挥风险的早期识别和校正作用，有助于与监管部门共同提高监管效率。国际存款保险协会2013年发布的《存款保险制度的早期识别和及时干预一般指引》指出，存款保险早期纠正职能可以进一步促进监管质量和效率的提升。我国存款保险制度在研究设计过程中就明确了存款保险和监管部门要适当分工，各有侧重，互为补充，共同提高金融安全网效能。从实践看，这一安排是有效

的。2015年存款保险制度正式建立以来，存款保险和监管部门之间建立了常态化的信息共享和共商共研机制，相互通报风险，有效推动风险化解。

二、依法探索开展存款保险早期纠正的实践

2017年以来，在做好保费征收与基金管理、实施风险差别费率的基础上，存款保险加强风险监测，依法探索开展早期纠正，推动地方政府等各方面落实责任，形成风险化解合力。

一是加强风险监测，及时识别重大风险，摸清风险底数。按照《存款保险条例》要求，为及时发现可能造成投保机构重大资产损失、资本充足水平大幅下降的潜在风险，存款保险通过评级、核查、评估等方式加强风险监测，核实投保机构的资本充足率、不良贷款率等主要指标真实性，掌握机构在同业业务、表外业务、关联交易、公司治理等方面存在的重大隐患，摸清风险底数。对个别风险比较突出的投保机构，实行名单制管理，按月进行监测和“诊断”，一行一策研究风险化解措施。

二是压实高风险机构自身的风险化解责任，加强对机构和股东的约束。对少数资本根本性不足的投保机构，存款保险及时下发早期纠正通知书，要求制定资本补充计划，并在规定期限内补充资本。具体措施方面，要求投保机构自身通过提高利润留存、控制费用支出、限制薪酬、处置不良资产、引入战略投资者等方式主动化解风险；要求股东通过认购定向增发股份、注入现金或资产等方式履行资本补充义务；同时，根据具体风险问题，推动投保机构调整高管、完善公司治理和风险管理，实现审慎经营。在落实过程中，存款保险会同地方政府和监管部门共同监督执行，有效形成工作合力。

三是及时向省政府通报农村信用社风险，落实管理和风险处置的主体责任。按照职责分工，省级政府承担农村信用社（包括改制后的农村商业银行、农村合作银行）的管理和风险处置责任。存款保险及时将风险监测中发现的农村信用社重大风险问题通报省政府，同时研究提出明确的风险化解建议，推动地方政府牵头制定处置方案，有效化解问题机构风险。实践中，相关省份对存款保险通报的风险情况高度重视，按照存款保险早期纠正的建议措施，对一些农村信用社优化股权结构、完善公司治理，在未动用公共资金的情况下，较快速地化解了风险。

四是推动落实主发起行对村镇银行的风险处置责任。按照监管规定，村镇银行主发起行具有牵头处置村镇银行重大风险的责任。对高风险村镇银行，存款保险通过警示谈话、下发风险提示函等措施，压实村镇银行主发起行责任，要求其按照有关规定采取增资扩股、调整高管、提供流动性支持、帮助处置不良资产等措施，改善村镇银行经营

管理，提高资本充足水平。

在人民银行、监管部门和存款保险等各方推动下，截至2019年末，已对503家投保机构采取了早期纠正措施。其中，采取补充资本措施的437家，控制资产增长措施的219家，控制重大交易授信措施的138家，降低杠杆率措施的41家，已有206家投保机构风险初步化解。下一步，存款保险还将继续依法履行早期纠正职能，进一步加强与地方政府、银保监部门的沟通协调，推动高风险机构整改、重组，有效化解风险。

专题十七　央行数字货币研发进展综述

近年来，伴随着信息革命的不断深化和数字经济迅猛发展，国际社会和主要经济体高度关注央行数字货币（Central Bank Digital Currency，以下简称CBDC）研发。瑞典等已进入CBDC试点测试阶段，部分经济体正处于研发阶段，另有一些经济体仍在论证CBDC的可行性。由于各经济体CBDC的研发背景、目标、设计等有所差异，对金融体系的潜在影响也不尽相同。

一、央行数字货币的概念和分类

确保支付体系安全、高效、普惠是中央银行的一项重要职能。随着互联网普及和金融科技的迅猛发展，网上支付、移动支付等电子支付方式得到普遍应用，提高支付效率的同时也提高了支付市场集中度。依托分布式记账技术的加密资产不断涌现，部分稳定币类加密资产凭借价格稳定机制、网络效应等优势有可能被广泛采用，意图发挥支付手段和价值储藏职能，可能带来一系列风险。为适应数字经济发展，应对现金使用量下降，促进支付市场竞争，维护支付安全，进一步提高支付效率，提高金融普惠性，部分经济体央行启动CBDC研发工作。

CBDC通常指作为央行负债发行的、用于支付结算的数字化工具。从类型看，CBDC可分为零售型和批发型，前者面向全体公众、用于日常交易，后者面向特定机构、用于大额结算；从运营方式看，CBDC可分为单层运营和双层运营，前者由央行直接对公众发行，后者则先由央行把CBDC兑换给银行等机构，再由这些机构兑换给公众；从系统设计看，CBDC可分为基于账户（account-based）或基于代币（token-based），前者指通过开立在央行或者商业银行的数字货币账户进行交易，后者则是指在数字钱包间通过中心化或去中心化的结算系统使用代币进行交易；从计息规则看，CBDC可分为计息型和不计息型。

二、央行数字货币国际研发进展

目前，少数经济体已开始试点运营CBDC，部分经济体正在进行研发试验，一些经济体正在积极论证CBDC可行性但尚无具体研发计划。按支付类型看，现阶段已进入试点运营的CBDC均为零售型，采取双层运营、不计息的方式，批发型CBDC则处于研发或可行性论证阶段。

（一）少数经济体央行开始试点运营央行数字货币

瑞典央行2017年启动电子克朗（e-krona）研发工作，并于2020年2月开始试点。近十年来，瑞典的现金使用量急剧下降，推动瑞典央行研发CBDC。E-krona定位于现金的补充工具，属于零售型CBDC，不计付利息，采取双层运营模式，运用分布式记账技术，遵循有限匿名[①]。此外，乌拉圭、乌克兰、柬埔寨、巴哈马等国央行也开展了CBDC试点。

（二）部分经济体央行正在研发试验央行数字货币

欧央行和日本央行2016年提出Stella项目，开始联合研发批发型CBDC，对经济体内银行间结算、券款对付结算、同步交收结算、平衡保密性与可审核性等方面分别实施测试并取得预期目标。2019年12月，欧央行发布报告介绍了零售型CBDC方案（EURO chain项目），定位为现金替代，采取双层运营模式，遵循有限匿名，目前正在开展研发。2020年7月，日本央行发布探讨CBDC普及性和运营弹性的技术报告，并表示将通过实证试验探索CBDC的可行性。

英格兰银行2015年提出RSCoin项目，与伦敦大学合作研究CBDC，并开展了小规模试验。RSCoin采用中心化和分布式记账相结合的混合型架构，是一种采用双层运营模式的零售型CBDC。2020年3月，英格兰银行系统阐释了零售型CBDC的设计思路，从发行目标、设计原则、运营模式、系统应用技术等多个维度呈现了对未来CBDC的构想。英格兰银行指出，未来发行的CBDC是对货币形态和相关支付基础设施的创新，将采取与私营部门合作的模式，以作为现金的补充，提升英格兰银行实现政策目标的能力。

法国央行2020年3月启动了“数字欧元”研发工作，旨在改善银行间清算和结算流程，属于批发型CBDC。2020年5月，法国央行完成了“数字欧元”的首次测试工作，未来还将开展一系列测试。

加拿大央行2016年提出Jasper项目，开始研究批发型CBDC。项目前三个阶段主要聚焦于利用分布式记账技术改善国内大额支付系统，在技术方面取得成功，但效率提升较为有限；第四阶段，加拿大央行与新加坡金管局、英格兰银行合作，探索研发跨境、跨币种的大额支付系统并取得阶段性成果。2020年2月，加拿大央行宣布开始研发零售型CBDC，以应对“无现金经济”的出现及私人数字货币的挑战，尚未公布具体设计方案。

新加坡金管局2016年提出Ubin项目，开始研究批发型CBDC，探索使用区块链技术提供更为简洁高效的支付系统，主要用于跨境

① 有限匿名是指若CBDC存储金额低于一定数量，则无须实名登记，但超过该金额则需实名，具备一定的匿名性。

交易和结算。项目前三个阶段主要涉及银行间大额支付系统、券款对付系统的重构，第四阶段与加拿大央行Jasper项目相互连接，成功进行了跨境、跨币种支付测试。第五阶段则成功开发出一款基于区块链的支付网络，使不同币种可在同一网络中进行支付。

韩国央行2020年4月开始研发零售型CBDC，计划分三步开展测试，依次为需求分析和技术评审、业务流程分析和咨询、试点系统构建和测试，预计2021年底完成相关工作。

（三）一些经济体央行正在论证央行数字货币可行性，尚无具体研发计划

美联储表示正在评估CBDC成本与收益，研究相关法律问题，并进行关于分布式记账技术及其在数字货币（包括CBDC）领域潜在用途的研究和实验。瑞士央行已就发行CBDC的必要性和相关的技术、政策、法律问题进行研究并确定基本设计思路，计划于2020年对产品原型进行开发和测试。澳大利亚央行建立了CBDC研究机构，计划测试大额结算领域使用批发型CBDC的可行性。印度央行已在内部开展讨论，研究CBDC的可行性，尚未透露具体计划和实施时间。此外，意大利、挪威、丹麦等国也正在积极开展CBDC研究。

三、央行数字货币对金融体系的可能影响

国际组织及部分经济体央行对CBDC可能给金融体系带来的影响开展了前瞻性研究。总体来看，CBDC的潜在影响因其类型、运营方式以及计息机制的不同而有较大差异。采用单层运营模式或计付利息的零售型CBDC对货币政策传导、金融脱媒的影响较大，批发型CBDC和采用双层运营模式且不计付利息的零售型CBDC则对金融体系影响较小。

计息型CBDC可能影响货币政策传导机制，不计息的CBDC则影响较小。有观点认为，不计息的CBDC只有支付功能，仅可能取代现金，对货币政策不会产生实质性影响。而计息型CBDC不仅发挥了支付媒介作用，还有储蓄功能，流动性和安全性高于银行存款，CBDC利率可能成为存款利率的下限参考，央行可通过调整CBDC利率来影响银行存款利率。此外，如果CBDC基本替代了传统现钞，央行可通过对CBDC实行负利率，提高持有成本，打破零利率下限的约束，进一步引导市场利率下行。也有观点认为，CBDC的使用可以防止私人数字货币对货币政策传导机制有效性的冲击。

计息型CBDC可能对银行发挥金融中介职能带来影响，不计息的CBDC则影响较小。有观点认为，如果CBDC计付利息，出于安全性考量，存款人可能将银行存款转为CBDC，资金将从银行账户流向央行账户。面对脱媒压力，银行可能会被迫提高存款利率或选择融入成本更高的同业资金，从而导致信用收缩、银行期限错配风险增加。如果CBDC不计付利息，仅作为现金的补充工具或替代品，一般不会导致金融脱媒，但在极端情形下，即存款利率调至零或为负时，仍可能引发金

融脱媒。也有观点认为，可通过采用双层运营、不计付利息、限制CBDC持有量等方式降低金融脱媒风险。

CBDC有助于提高支付效率，降低支付成本，助力普惠金融。零售型CBDC一般作为现金补充，高效便利，与现有电子支付工具形成互补，增强支付市场竞争性。计息型CBDC不仅较电子支付工具更加安全，还具有储蓄功能，对现有电子支付工具有较强替代性。批发型CBDC有助于改善大额支付结算，提高跨境支付效率和安全性，降低支付成本，助力国际贸易和金融交易。在传统金融服务欠发达地区，CBDC依托数字化和安全性优势，通过移动客户端和网络通信，提高金融服务覆盖面和便利化程度，提升金融普惠水平。

CBDC有助于提升反洗钱、反恐怖融资、反逃税能力。与完全匿名使用的现金不同，CBDC能够实现可控匿名，可以改善识别客户能力，在保护用户合理隐私的前提下，提高对洗钱、恐怖融资、逃税等违法犯罪行为的识别效率和精准度。

四、数字人民币研发进展

人民银行自2014年起开始研究法定数字货币，并于2017年末组织部分商业机构共同开展数字人民币体系（DC/EP）的研发。目前，数字人民币体系已基本完成顶层设计、标准制定、功能研发、联调测试等工作，正在遵循稳步、安全、可控、创新、实用原则，先行在深圳、苏州、雄安、成都及未来的冬奥场景进行内部封闭试点测试。

数字人民币定位于M_0，属于零售型CBDC，采用双层运营模式、不计付利息。人民银行注重从宏观经济、货币政策、金融发展、金融稳定等方面评估数字人民币的可能影响，确保相关设计不会对现有货币金融体系和货币政策传导产生大的冲击。数字人民币体系尚无正式推出的时间表，人民银行将继续稳妥有序推进数字人民币体系研发工作，做好试点测试，加强相关政策和影响研究，不断优化和完善研发设计。

专题十八　加强金融基础设施统筹监管

金融基础设施通常指为各类金融活动提供基础性公共服务的系统及制度安排，涉及支付、征信、交易、登记托管、清算结算等多个领域。金融基础设施在金融市场运行中居于枢纽地位，天然具有跨机构、跨行业、跨市场的特征，是金融市场稳健高效运行的基础性保障，是实施宏观审慎管理和强化风险防控的重要抓手。加强金融基础设施统筹监管，有利于保障金融市场安全高效运行和整体稳定。

一、金融基础设施监管的国际标准和主要实践

2008年国际金融危机后，加强金融基础设施统筹监管成为国际监管改革的重要内容，建立高效、透明、规范、完整的金融基础设施成为各国监管改革的重点和共识，相关国际实践呈现如下特点：

（一）统一并强化金融基础设施的监管标准

国际社会高度关注金融基础设施的效率与安全，有关国际组织曾发布过《重要支付系统核心原则》《证券结算系统建议》及《中央对手方建议》等一系列国际标准。2012年，在深入总结国际金融危机经验教训的基础上，国际清算银行支付与市场基础设施委员会（CPMI）和国际证监会组织（IOSCO）共同发布了《金融市场基础设施原则》（PFMI，以下简称《原则》），全面加强对金融基础设施的管理，并要求成员国尽快落实到位。《原则》对关于重要支付系统、中央证券存管（CSD）、证券结算系统（SSS）以及中央对手方（CCP）等的原有国际标准进行了协调统一并适当强化。

《原则》从总体框架、信用风险和流动性风险管理、结算、中央证券存管和价值交换结算系统、违约风险管理、一般业务风险和运行风险管理、准入、效率和透明度等9个方面详细规定了各类金融市场基础设施安全、高效运行应遵守的24条原则，还指出了金融监管部门应遵守的5项职责。《原则》强调金融市场基础设施之间的相互依赖性，要求监管部门关注系统间的相互影响，实施全面的风险管理措施，从而更有效地保障金融体系的安全性和稳定性。《原则》还明确要求中央银行、监管部门与其他有关管理部门在国内和国际层面相互合作，更好地履行金融市场基础设施的管理、监督和监管职责。

《原则》发布后，主要经济体对金融基础设施采取了更为严格的全面监管。例

如，美国在《多德—弗兰克法案》中设立专章，欧盟制定《欧洲市场基础设施监督管理条例》及《中央证券存管机构监督管理条例》，对金融基础设施的准入、治理结构、人员资质、运营规则、风控标准、信息披露及风险处置等方面作出了相应规范。

（二）强调中央银行对金融基础设施的统筹监管职责

国际金融危机后，中央银行对金融基础设施的监管职责进一步加强。例如，美国金融基础设施的监管职责分属美联储、美国证监会和美国商品期货交易委员会，同时，《多德—弗兰克法案》强化了美联储对重要金融市场基础设施进行统筹监管的职责，如设定风险管理标准、开展检查、采取强制措施、全面掌握相关数据信息等。

（三）注重对金融基础设施建设的统筹规划

早期，发达市场金融基础设施的建设与发展，主要受技术进步、规模经济等因素影响，多由行业自主整合推动。近年来，在有关国际监管组织的积极倡导下，各经济体更加注重对金融基础设施建设的规划，从中央层面强调集中统筹，以保持适度竞优的总体格局。例如，美国按照《多德—弗兰克法案》有关要求，建立了金融基础设施监管体系，涵盖交易设施、清算结算机构、中央证券存管机构和支付系统等，明确提出了各基础设施的监管主体、监管依据、监管方法；欧洲中央银行组织建设了全欧洲统一的证券托管结算平台（T2S），以促进高效安全地开展跨境金融活动，欧洲多国支付系统和中央存管机构均参与其中。

二、我国金融基础设施运行面临的风险与挑战

经过多年建设，目前我国已形成功能比较齐全、整体运行稳健的金融基础设施体系，为货币、证券、基金、期货、外汇等金融市场交易活动提供支持。

随着金融市场快速发展，特别是在当前金融业综合经营趋势明显、跨市场交易日益活跃、金融科技迅猛发展的新形势下，我国金融基础设施在安全与效率方面面临一定挑战，在法制建设、管理统筹、规划建设等方面还有待加强。如金融基础设施的准入与退出、日常运营、内部治理、风险管理、技术运维等方面尚缺乏统一的监管标准；部分地方交易场所和新兴科技企业（包括互联网平台）纷纷涉足类金融基础设施服务，存在一拥而上的现象；国际监管改革所要求的统一交易报告库尚未建立，未能实现对全市场数据信息的集中收集。

三、我国加强金融基础设施统筹监管的最新进展

2020年2月，人民银行、发展改革委、财政部、银保监会、证监会、外汇局联合印

发《统筹监管金融基础设施工作方案》（以下简称《方案》）。《方案》明确将金融资产登记托管系统、清算结算系统（包括开展集中清算业务的中央对手方）、交易设施、交易报告库、重要支付系统、基础征信系统等六类设施及其运营机构纳入我国金融基础设施统筹监管范围，并提出统一监管标准，健全准入管理，优化设施布局，健全治理结构，推动形成布局合理、治理有效、先进可靠、富有弹性的金融基础设施体系。

按照《方案》要求，人民银行与有关部门积极推进相关工作，主要包括：一是制定金融基础设施管理办法，针对各类金融基础设施，制定分类统一的、既符合我国实际又与国际规则有效衔接的监管与运营标准，促进统筹监管制度规则的规范化、法治化、国际化。二是加快推动银行间与交易所债券市场基础设施互联互通，支持投资者"一点接入"购买全市场债券，促进资金、债券等要素自由、高效、顺畅运转，增强债券市场改革的系统性、整体性、协同性。三是建设总交易报告库，推动建立覆盖全市场的交易报告制度，着力提升金融市场数据信息透明度，支持监管与服务市场。

专题十九 国际保险监督官协会发布《保险业系统性风险整体框架》

2019年11月，国际保险监督官协会（IAIS）发布《保险业系统性风险整体框架》（以下简称《整体框架》），基于保险监管核心原则（ICPs）和国际活跃保险集团监管共同框架（ComFrame）提出监管要求，并从单个机构和行业整体两个维度监测评估全球保险业系统性风险，旨在增强全球监管一致性，监测全球保险市场发展趋势，防范系统性风险。

一、保险业系统性风险来源及传导途径

《整体框架》认为，保险业系统性风险主要源自以下方面：一是流动性风险。保险公司或多或少都面临流动性风险，其大小取决于保险公司的业务。例如，依靠保费产生稳定现金流的保险公司面临较低的流动性风险；从事融券、衍生品业务或用流动性负债匹配非流动性资产的保险公司面临较高的流动性风险。二是关联风险。关联风险源于与实体经济或其他金融机构的相互依赖，包括宏观经济风险（因宏观经济波动引起的风险，不能通过多样化分散）和交易对手风险（因交易对手方违约引起的风险，可以通过多样化分散）。三是替代性风险。部分重要险种由少数保险公司主导，市场进入壁垒高，如果保险公司退出这些险种，可能会导致依靠这些险种开展业务的经济实体成本大幅增加。此外，保险公司的规模和全球活跃性也起到了放大风险的作用。

风险传导途径有以下三种：一是资产清算。资产清算是指大型保险公司或大量小型保险公司突然大规模出售资产，可能导致资产价格下跌，严重破坏金融市场交易秩序或融资能力，使其他持有该资产的公司遭受重大损失或面临重大融资问题。二是风险暴露。风险暴露包括宏观经济波动引起的间接风险（机构持有相同或类似资产，或机构的风险暴露与金融市场高度相关）和机构间相互关联引起的直接风险（单个保险公司陷入困境对其他机构造成损失的风险）。三是关键功能。当保险公司提供的服务对金融部门或实体经济运作至关重要，且占有很高的市场份额并少有替代品时（例如巨灾险、海运、航空、出口信贷或抵押担保等），其经营不善或破产可能会产生系统性影响。保险业系统性风险来源与风险传导途径并非一一对应，一种风险来源可能有多种风险传导途径（见图3-4）。

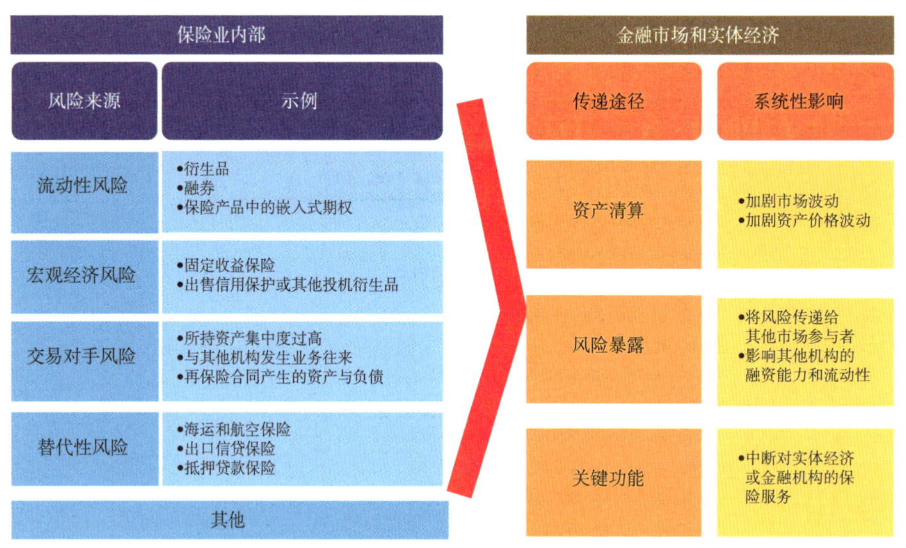

图3-4　系统性风险传导机制

（资料来源：IAIS，《保险业系统性风险整体框架》，2019年11月）

二、监管要素

《整体框架》以ICPs和ComFrame为基础提出监管要素，规定监管部门可根据保险公司的规模、复杂程度等情况灵活适度实施监管以满足适当性（Proportionality）原则，旨在保护投保人并维护全球金融稳定。其中，ICPs适用于所有保险公司，ComFrame仅适用于国际活跃保险集团（IAIGs）。监管要素主要包括以下内容：

一是宏观审慎监管。适用于所有保险公司，旨在从单个机构和行业整体两个维度防范系统性风险。监管部门既要考虑保险公司自身面临的风险，也要考虑保险公司对保单持有人、保险行业和金融稳定带来的风险；既要考虑单个保险公司破产的风险，也要考虑不同保险公司相同业务的整体风险；同时要进行定量和定性宏观审慎分析（包括压力测试等）。IAIS计划于2021年对此发布相关指引。

二是对保险公司的监管要求。首先是风险管理框架，适用于IAIGs和监管部门认为必要的其他保险公司，包括风险识别和衡量、风险偏好声明、资产负债管理、投资、承保政策、流动性风险管理及风险和偿付能力自评估，旨在降低保险公司流动性风险、对手方风险、宏观经济风险，从而降低保险行业系统性风险。其次是信息披露要求，适用于所有保险公司，除了公司简介、公司治理、财务状况等基本信息外，还要求披露流动性风险的定量和定性信息，目的在于强化市场纪律，增强信息透明度。IAIS已于2020年6月针对流动性风险管理发布相关指引。

三是危机管理和规划。为了降低保险公司无序破产的可能性和影响，首先，在法律法规和监管规定层面制定适用于所有保险公司的处置框架；其次，要求IAIGs和监管部门认为必要的其他保险公司制定恢复处置计划；最后，建立适用于所有保险公司的危机管理和合作机制。IAIS已于2019年对恢复计划发布相关指引，计划于2021年对处置计划发布相关指引。

四是监管部门的干预能力。为了面对系统性风险时能够快速有效地作出反应，监管部门应提高危机干预能力，对于其认为必要的保险公司，监管部门不仅能采取预防措施以避免其违反监管要求，而且能在其违反监管要求后予以纠正。

此外，为提高监管要素实施的全球一致性和有效性，IAIS拟发布评估各国监管要素实施情况的操作细则，并将优先评估保险市场在全球金融体系中居重要地位的IAIS成员。

三、全球监测工作

IAIS年度全球监测工作旨在评估全球保险市场发展趋势，监测全球保险业系统性风险。全球监测工作从单个机构和行业整体两个维度展开，二者相互补充，行业整体监测反映了全球保险业趋势信息，而单个机构监测通过对保险业最重要机构的分析，反映了风险集中度水平、潜在异常值的情况，最终形成对全球保险业风险的综合性、前瞻性评估。此外，全球系统重要性保险公司（G-SIIs）认定工作暂停，将于2022年根据《整体框架》的实施情况决定是否重启。

（一）数据收集

单个机构监测。被监测的机构（基于集团层面）应至少符合下列条件之一：总资产超过600亿美元，且母国以外的保费占比超过5%；总资产超过2000亿美元，且有母国以外的保费；IAIS和相关经济体监管部门认为具有代表性的公司。按照上述条件，约50家保险公司将入选，其保费收入总额约占全球的25%。

行业整体监测。IAIS所有成员经济体都可以自愿参加行业整体监测，但为了充分监测全球保险业情况，FSB成员经济体、IAIGs母国和纳入单个机构监测的保险公司母国必须参与（这些经济体2018年保费收入总额超过全球的85%，可以充分代表全球保险业）。此外，参与行业整体监测的经济体，其提供数据的范围应至少同时涵盖当地前三大保险公司和当地保险市场份额的60%。

表3-4　全球监测工作收集的数据类型

数据类型	单个机构监测	行业整体监测
规模（不是风险来源，但有放大风险的功能）	√	√
全球活跃性（不是风险来源，但其风险会在全球扩散）	√	

续表

数据类型	单个机构监测	行业整体监测
关联风险——交易对手方风险（交易对手违约引起的风险） ——宏观经济风险（利率、汇率等宏观指标引起的风险）	√	√
资产清算（短时间内大量卖出某种资产，导致市场恶化的风险）	√	√
可替代性（提供的产品在市场上替代品较少时，供给不足的风险）	√	√
承保与偿付能力（整个保险业对新产品定价经验不足、盈利能力不足等引起的风险）		√
保单持有人的行为（整个保险业的退保率等引起的风险）		√
新兴风险（包括环境变化、网络和金融科技发展引起的系统性风险，例如气候风险、巨灾风险等）		√
经济环境（指能用于宏观审慎监测和分析的宏观指标，如GDP、失业率、人口、工资水平、通货膨胀率、财政收支等）		√

资料来源：IAIS，《保险业系统性风险整体框架：全球监测工作》，2019年11月。

（二）系统性风险评估

单个机构评估。主要采用以下五种方法：一是绝对值评估法，计算单个机构定量评估指标数值占基年该评估指标的样本总值的比重，将各指标占比加权汇总得到单个机构评分。单个机构系统性风险评估主要使用这种方法，以更好地反映每个机构的情况变化。二是相对值评估法，将绝对值评估法中的基年数据替换为当年数据计算单个机构评分。三是跨行业分析，借鉴全球系统重要性银行（G-SIBs）成熟的评分方法，对保险公司进行打分，比较保险公司和银行得分的变化趋势。四是发展趋势分析，主要分析单个保险公司各定量指标变化情况及驱动因素和异常值、汇率波动对单个保险公司的影响、单个保险公司相对其他保险公司的趋势比较。五是辅助指标，不影响单个保险公司得分，但提供补充信息，例如IAIS正在研究的流动性风险指标。

行业整体评估。主要采用以下三种方法：一是定量评估，运用多种统计方法，包括数据覆盖分析、水平和趋势分析及保险业与宏观经济发展的关联性分析等。二是定性评估，评估保险业主要风险出现的概率高低、影响大小、相对上年变化情况等。三是趋势分析，主要包括保险业盈利能力、承保能力、投资回报率、市场波动率、偿付能力充足率等重要指标的变化趋势，社会和经济等外部环境发展趋势。

IAIS通过上述方法分析重点机构和行业整体的风险变化趋势，并就此与相关监管部门共享信息，研究应对措施，每年将全球监测工作的成果公开发布。

专题二十 气候变化对金融稳定影响的研究进展

近年来，全球变暖导致极端天气事件发生的频率显著增加，实体经济遭受损失上升，进一步导致金融体系相应风险加大。世界经济论坛2018年的调查显示，极端天气、自然灾害、未能减缓和适应气候变化是全球未来10年内最可能发生且最具影响力的五大风险之三[①]。国际组织和一些经济体开始重视气候变化对金融体系的潜在影响，就气候变化与金融稳定的关系开展前瞻性研究。总体来看，当前研究处于初级阶段，侧重于定性分析，量化分析则以"宏观情景分析法"为主。下一步，可深入研究气候风险对不同金融领域的影响和相关政策应对。

一、气候变化对金融稳定的影响路径

气候风险是指极端天气、自然灾害、全球变暖等气候因素及社会向可持续发展转型对经济金融活动带来的潜在不确定性。根据气候变化影响金融体系的渠道，可将气候风险大致划分为物理风险和转型风险两类。

物理风险是指由极端天气、自然灾害及相关事件导致财产损失的风险，这一风险在当前全球变暖背景下尤为突出。极端天气和自然灾害会摧毁房屋建筑和公共基础设施、降低经济活动频率、引发资源短缺，导致企业和居民财富缩水。物理风险对金融体系的影响主要体现为：一是极端天气或自然灾害导致债务人偿债能力下降、抵押品损毁或贬值，金融机构信用风险上升。二是金融机构资产价值受气候变化影响出现波动，市场风险上升。三是极端天气、自然灾害导致债务人违约、金融机构资产贬值或损毁，进而导致金融机构可获取资金少于预期，流动性风险上升。四是极端天气、自然灾害可能导致金融机构业务中断，操作风险上升。五是财产险、农业险和业务中断险理赔给付高于预期，导致保险公司或再保险公司承受非预期损失，承保风险上升。

转型风险是指社会向可持续发展转型的过程中，气候政策转向、技术革新和市场情绪变化等因素导致金融机构发生损失的风险。转型风险对金融体系的影响主要体现

① 《2018年世界经济论坛全球风险调查报告》指出，未来10年内最可能发生的五大风险分别是：极端天气、自然灾害、网络攻击、数据欺诈或盗窃、未能减缓和适应气候变化；最具影响力的五大风险分别是：大规模杀伤性武器、极端天气、自然灾害、未能减缓和适应气候变化、水资源危机。

为：一是“棕色”[①]企业偿债能力下降、抵押品贬值，金融机构信用风险上升。二是金融机构持有的“棕色”资产预期收益减少、市场价值下降，市场风险上升。三是债务人违约、金融机构持有的“棕色”资产贬值或面临抛售导致金融机构可获取资金少于预期，流动性风险上升。四是气候相关政策转向，持有“棕色”资产的金融机构声誉风险上升。

总体看，气候风险具有“长期性、结构性、全局性”特征，对金融稳定的潜在影响不容忽视。首先，在金融加速器和抵押品约束机制下，市场信号可能会放大气候风险的严重程度，使其对单个金融机构的冲击演变为系统性风险。其次，气候变化是个长期过程，具有高度不确定性，金融机构通常关注气候变化的平均预期损失，对极端异常情况准备不足。最后，气候风险对金融体系和宏观经济的影响具有“循环反馈”特点，气候灾害损失将导致信贷收缩，进一步弱化居民与企业资产负债表，影响经济潜在增速和产出缺口（见图3-5）。

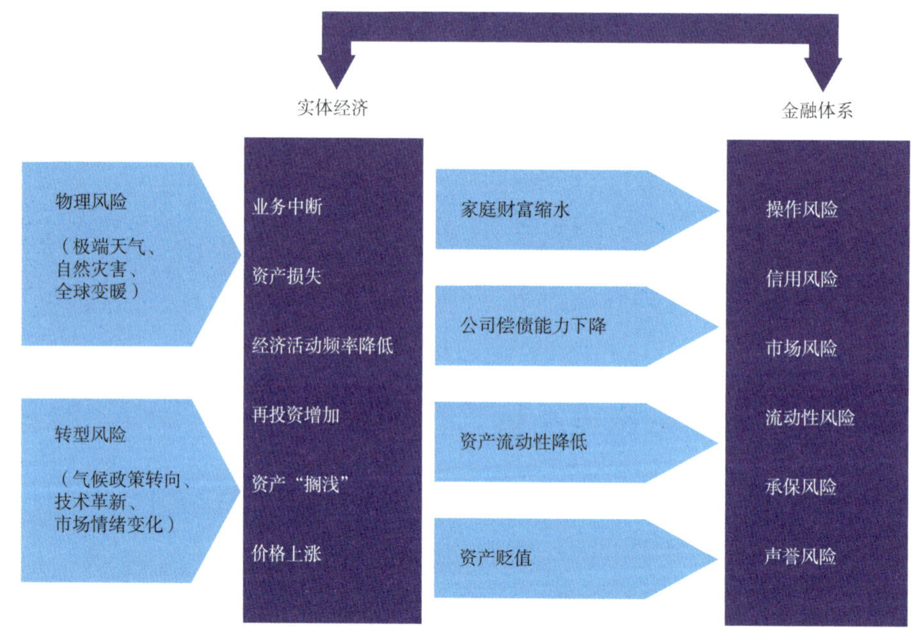

图3-5 气候风险对金融体系的影响渠道

注：资产“搁浅”（assets stranding）指向低碳经济转型的过程中，由于气候政策转向或技术革新，使某些原材料失去使用价值、相关行业业务中止，最终导致相应资产贬值或需要减记。

① “棕色”是与“绿色”对应的概念，指二氧化碳及其他大气污染物排放量高的资产或活动。

二、气候变化对金融稳定影响的量化分析方法

目前，国际组织和一些经济体金融管理部门普遍采用“宏观情景分析法”研究气候风险，也有研究采用更为简单的敏感性分析法。

（一）宏观情景分析法

宏观情景分析法通过假定当局应对气候变化的政策以及相应的气候变化路径，分析气候风险可能导致金融体系遭受的损失，是评估气候变化对宏观经济和金融体系影响的重要工具。该方法通常包含三个步骤，即情景设计、衡量气候风险对宏观经济的影响、细化行业影响并将冲击传导至金融体系。

1. 情景设计

情景设计是指采用模型对气象、化学、社会发展等变量进行一致性假设，具体包括气候相关政策、温室气体排放浓度、温度上升路径、社会经济背景、技术进步和消费者偏好等方面。联合国政府间气候变化专门委员会（IPCC）基于气候政策力度以及温度上升程度，总结了气候变化的四种代表性路径——有序转型、无序转型、行动迟缓应对不足和温室世界（见图3-6）。现有研究大多在IPCC公布的代表性路径基础上进行细化补充。

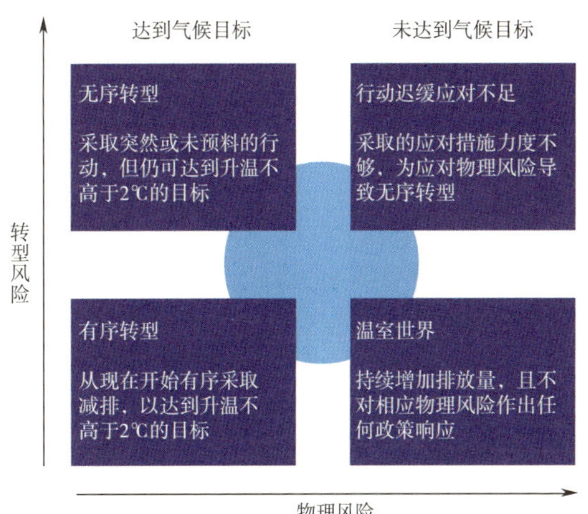

图3-6　应对气候变化的典型路径

（资料来源：央行与监管机构绿色金融网络（NGFS）《行动倡议：将气候变化纳入金融风险》，2019）

2. 衡量气候风险对宏观经济的影响

当前研究主要从中短期和长期两个维度衡量气候风险对宏观经济的影响。中短期内，气候风险主要对国内生产总值（GDP）、失业率、通货膨胀率等因素产生影响，如2018年荷兰央行工作人员以5年为时间跨度分析气候风险。长期来看，气候风险还将影响资本、劳动力、全要素生产率等经济增长的决定性因素，导致经济发生结构性变化，如2020年法国央行工作人员研究了从现在开始至2100年的气候风险、英格兰银行也计划研究从现在开始至2050年的气候风险。

目前，研究气候风险对宏观经济影响的主流模型为综合评估模型（IAMs），主要包含两个模块，即用于分析温室气体排放量对大气温度影响的气候模块和用于分析大气

温度上升对经济增长和政策制定影响的经济模块。IAMs通过构建损失方程（如气温上升造成GDP的损失）和成本方程（如控制温室气体排放量的成本）将上述两个模块有机结合，分析气候风险对宏观经济的影响。例如，2020年加拿大央行工作人员运用IAMs分析气候风险的结果表明，如果不采取进一步行动减少碳排放，到2100年全球温度将上升4.1摄氏度，造成的损失高达30万亿美元。此外，也有研究人员采用投入产出模型、全球计量经济模型（NiGEM）等方法分析气候风险对宏观经济的影响。

3. 细化行业影响，并将冲击传导至金融体系

由于气候风险对经济领域各行业影响不同，细化其对不同非金融行业或部门的影响有助于精准量化其对金融体系的潜在风险。当前研究的普遍做法是，通过各行业的投入产出、碳排放量及其对经济增长的贡献度等历史数据，将宏观经济金融变量的变动分解至各行业，计算出金融部门相应敞口变化，将冲击进一步传导至金融体系。例如，2018年荷兰央行工作人员在分析转型风险对GDP、价格水平、利率、股票指数等宏观经济金融变量冲击的基础上，构建各行业“转型脆弱性因子”，用该因子与股票指数的乘积代表各行业股价受到的影响，最后通过计算金融部门持有相关行业的资产衡量可能产生的损失。结果表明，在可持续能源快速发展导致依赖化石燃料的技术被淘汰、同时二氧化碳排放价格升至每吨100美元的情景下，荷兰银行业和保险业的资产五年内将分别损失3%和11%，银行业整体核心一级资本充足率降幅将超过4个百分点。

（二）敏感性分析法

敏感性分析是指在保持其他条件不变的情况下，研究单个气候因素变化对金融体系或某一金融行业（机构）产生的直接影响。国际货币基金组织在对美国、比利时、丹麦、瑞典等成员经济体开展“金融部门评估规划（FSAP）”时，采用敏感性分析法测度了保险行业面临的物理风险。以2015年美国FSAP为例，测试分别构建了佛罗里达发生飓风、加利福尼亚发生地震、中西部地区发生龙卷风三个情景，分析美国保险业遭受的直接损失。2019年英格兰银行审慎监管局采用敏感性方法分析了本国保险业面临的转型风险和物理风险。以转型风险为例，测试假定“渐进有序转型”和“突然无序转型”两种情景，分别设定发电行业、化石能源行业、交通运输业、农业、房地产业等遭受的损失比例，由此计算保险业的转型风险。

三、存在的问题及下一步研究方向

当前国际组织和一些经济体金融管理部门对于气候风险的研究尚处于起步阶段，在模型构建、数据获取等方面都面临诸多挑战，研究范围也有待进一步细化和拓展。一是模型自身存在局限性，现有模型主要用于分析宏观经济金融变量在假设情景下与长期均衡的偏离程度，但未考虑政策响应、气候变化路径的非线性特点和尾部风险。二是模型参数因相关领域研究较少而难以校准，而且通常将碳定价作为气候政策的唯一代理变量，忽略了社会制度、地缘政治等因素。三是气候风险信息披露不足导致数据颗粒度较粗，不利于准确衡量风险。四是当前的研究方法普遍将物理风险和转型风险割裂开来，但实际上二者相互影响、彼此放大，对经济金融体系产生多轮冲击。五是当前研究侧重于分析气候风险对银行业和保险业的潜在影响，对其他金融领域关注较少，且未考虑金融体系内部传染性风险及金融体系与实体经济的相互影响。

下一步，除继续强化气候风险信息披露与数据收集、细化宏观情景设计、完善量化分析工具外，还可加强以下方面研究：一是深入研究气候风险对特定金融领域的差异性影响，加强气候风险对债券、股票、外汇等金融市场及金融基础设施潜在影响的研究，并考虑金融体系内部传染性风险。二是统筹考虑物理风险和转型风险，包括两者的相互影响，增强气候风险研究的全面性。三是加强应对气候风险政策研究，将其纳入宏观情景分析以验证政策合理性。

附录

统计资料

附表 1　　主要宏观经济指标

项　　目	2015	2016	2017	2018	2019
国内生产总值（亿元）	688 858	746 395	832 036	919 281	990 865
工业增加值	234 969	245 406	275 119	301 089	317 109
固定资产投资总额（亿元）	562 000	606 466	641 238	645 675	560 874
社会消费品零售总额（亿元）	300 931	332 316	366 262	380 987	411 649
货物进出口总额（亿元）	245 503	243 386	278 099	305 010	315 505
出口	141 167	138 419	153 309	164 129	172 342
进口	104 336	104 967	124 790	140 881	143 162
差额	36 831	33 452	28 520	23 247	29 180
实际利用外商直接投资（亿美元）	1 263	1 260	1 310	1 350	1 381
外汇储备（亿美元）	33 304	30 105	31 399	30 727	31 079
居民消费价格指数（上年=100）	101.4	102.0	101.6	102.1	102.9
财政收入（亿元）	152 269	159 605	172 593	183 360	190 390
财政支出（亿元）	175 878	187 755	203 085	220 904	238 858
城镇居民人均可支配收入（元）	31 195	33 616	36 396	39 251	42 359
农村居民人均可支配收入（元）	11 422	12 363	13 432	14 617	16 021
城镇就业人员（百万）	404.1	414.3	424.6	434.2	442.5
城镇登记失业率（%）	4.05	4.02	3.9	3.8	3.6
总人口（百万）	1 374.6	1 382.7	1 390.1	1 395.4	1 400.1

注：1.2015—2018年国内生产总值为最终核实数，2019年国内生产总值为初步核算数。

2.按照我国国内生产总值数据修订制度和国际通行做法，在第四次全国经济普查后，国家统计局对2018年及以前年度的国内生产总值历史数据进行了系统修订。

数据来源：根据《中国统计年鉴》和《中国国民经济和社会发展统计公报》等相关资料整理。

附表2

主要金融指标（一）

（年末余额）

单位：亿元

项　　目	2015	2016	2017	2018	2019
M_2	1 392 278.1	1 550 066.7	1 690 235.3	1 826 744.2	1 986 488.8
M_1	400 953.4	486 557.2	543 790.1	551 685.9	576 009.2
M_0	63 217.6	68 303.9	70 645.6	73 208.4	77 189.5
金融机构各项存款	1 357 021.6	1 505 863.8	1 641 044.2	1 775 225.7	1 928 785.3
储蓄存款	526 281.8	569 149.3	595 972.6	631 202.4	697 395.4
非金融企业存款	430 247.4	502 178.4	542 404.6	562 976.2	595 365.0
金融机构各项贷款	939 540.2	1 066 040.1	1 201 321.0	1 362 966.7	1 531 123.2

数据来源：中国人民银行。

附表 3

主要金融指标（二）

（增长率）

单位：%

项　　目	2015	2016	2017	2018	2019
M_2	13.3	11.3	8.1	8.1	8.7
M_1	15.2	21.4	11.8	1.5	4.4
M_0	4.9	8.1	3.4	3.6	5.4
金融机构各项存款	12.4	11.0	9.0	8.2	8.7
储蓄存款	8.5	8.2	4.7	5.9	10.5
非金融企业存款	13.7	16.7	8.0	3.8	5.8
金融机构各项贷款	14.3	13.5	12.7	13.5	12.3

注：由于统计制度的调整，本表增长率是经过调整的可比口径的同期比。
数据来源：中国人民银行。

附表 4

国际流动性

单位：百万美元

项　　目	2015	2016	2017	2018	2019
总储备（减黄金）	3 345 193	3 029 775	3 158 877	3 091 881	3 127 493
特别提款权	10 284	9 661	10 981	10 690	11 126
在基金储备头寸	4 547	9 597	7 947	8 479	8 444
外汇	3 330 362	3 010 517	3 139 949	3 072 712	3 107 924
黄金（百万盎司）	56.66	59.24	59.24	59.56	62.64
黄金（折价）	60 191	67 878	76 473	76 331	95 406
其他存款性公司国外负债	199 865	182 683	313 413	304 431	241 046

注：黄金（折价）2016年起为市值计价，与之前的历史数据不可比。
数据来源：中国人民银行。

附表5 黄金、外汇储备

年　份	黄金储备（万盎司）	外汇储备（亿美元）	外汇储备比上年增长（%）
2001	1 608	2 121.7	28.1
2002	1 929	2 864.1	35.0
2003	1 929	4 032.5	40.8
2004	1 929	6 099.3	51.3
2005	1 929	8 188.7	34.3
2006	1 929	10 663.4	30.2
2007	1 929	15 282.5	43.3
2008	1 929	19 460.3	27.3
2009	3 389	23 991.5	23.3
2010	3 389	28 473.4	18.7
2011	3 389	31 811.5	10.7
2012	3 389	33 115.9	4.1
2013	3 389	38 213.2	15.4
2014	3 389	38 430.2	0.6
2015	5 666	33 303.6	–13.3
2016	5 924	30 105.2	–9.6
2017	5 924	31 399.5	4.3
2018	5 956	30 727.1	–2.1
2019	6 264	31 079.2	1.1

数据来源：中国人民银行。

附表 6 金融业资产简表

（2019年12月31日）

单位：万亿元

项　　目	资产
金融业	354.93
中央银行	37.11
银行业金融机构	290.00
证券业金融机构	7.26
保险业金融机构	20.56

注：证券业金融机构资产指不包含客户资产的证券公司总资产。
数据来源：中国人民银行金融稳定分析小组估算。

附表 7

2019年存款性公司概览

（季末余额）

单位：亿元

项　　目	第一季度	第二季度	第三季度	第四季度
国外净资产	260 083.03	261 730.80	262 993.65	264 599.38
国内信贷	2 039 203.61	2 074 943.10	2 124 547.70	2 172 833.39
对政府债权（净）	260 601.41	266 278.66	276 851.27	290 115.78
对非金融部门债权	1 514 310.67	1 550 378.03	1 601 533.91	1 631 601.14
对其他金融部门债权	264 291.53	258 286.42	246 162.53	251 116.47
货币和准货币	1 889 412.14	1 921 360.19	1 952 250.49	1 986 488.82
货币	547 575.54	567 696.18	557 137.95	576 009.15
流通中货币	74 941.58	72 580.96	74 129.75	77 189.47
单位活期存款	472 633.97	495 115.22	483 008.20	498 819.68
准货币	1 341 836.59	1 353 664.01	1 395 112.54	1 410 479.67
单位定期存款	359 015.48	362 162.76	374 318.07	363 486.04
个人存款	782 606.12	790 201.11	807 437.27	819 161.84
其他存款	200 214.99	201 300.14	213 357.20	227 831.79
不纳入广义货币的存款	46 938.67	47 447.74	46 835.37	48 194.51
债券	263 847.38	268 945.81	272 586.06	280 399.31
实收资本	55 041.18	57 368.41	61 933.98	64 795.53
其他（净）	44 047.28	41 551.76	53 935.46	57 554.60

数据来源：中国人民银行。

附表8

2019年货币当局资产负债表

（季末余额）

单位：亿元

项　　目	第一季度	第二季度	第三季度	第四季度
国外资产	218 109.66	218 521.93	218 767.53	218 638.72
外汇	212 536.65	212 455.20	212 353.95	212 317.26
货币黄金	2 663.61	2 781.97	2 855.63	2 855.63
其他国外资产	2 909.41	3 284.76	3 557.96	3 465.84
对政府债权	15 250.24	15 250.24	15 250.24	15 250.24
其中：中央政府	15 250.24	15 250.24	15 250.24	15 250.24
对其他存款性公司债权	93 667.54	101 860.31	106 774.83	117 748.86
对其他金融性公司债权	4 708.59	4 841.63	5 167.63	4 623.39
对非金融部门债权	26.97	0.00	0.00	0.00
其他资产	16 789.62	23 121.16	16 006.52	14 869.26
总资产	**348 552.63**	**363 595.27**	**361 966.76**	**371 130.48**
储备货币	303 711.03	313 085.98	305 881.99	324 174.95
货币发行	81 310.67	78 236.87	80 217.69	82 859.05
金融性公司存款	209 648.14	221 817.24	212 229.56	226 023.86
其他存款性公司存款	209 648.14	221 817.24	212 229.56	226 023.86
其他金融性公司存款	0.00	0.00	0.00	0.00
非金融性公司存款	12 752.22	13 031.88	13 434.74	15 292.04
不计入储备货币的金融性公司存款	4 693.39	4 236.60	4 775.23	4 574.40
发行债券	315.00	740.00	940.00	1 020.00
国外负债	819.25	903.76	1 105.55	841.77
政府存款	31 407.14	35 682.52	38 526.80	32 415.13
自有资金	219.75	219.75	219.75	219.75
其他负债	7 387.06	8 726.66	10 517.43	7 884.49
总负债	**348 552.63**	**363 595.27**	**361 966.76**	**371 130.48**

数据来源：中国人民银行。

附表 9

2019年其他存款性公司资产负债表

（季末余额）

单位：亿元

项　　目	第一季度	第二季度	第三季度	第四季度
国外资产	61 767.86	62 599.90	64 271.44	63 618.27
储备资产	223 795.70	236 258.71	225 914.74	236 958.41
准备金存款	217 426.60	230 602.81	219 826.81	231 288.83
库存现金	6 369.10	5 655.91	6 087.94	5 669.58
对政府债权	276 758.30	286 710.93	300 127.82	307 280.67
其中：中央政府	276 758.30	286 710.93	300 127.82	307 280.67
对中央银行债权	0.00	0.00	0.00	0.00
对其他存款性公司债权	294 875.95	295 166.31	290 077.06	296 766.19
对其他金融性公司债权	259 582.94	253 444.78	240 994.89	246 493.07
对非金融性公司债权	1 023 574.63	1 040 312.12	1 072 307.21	1 085 249.79
对其他居民部门债权	490 709.08	510 065.90	529 226.71	546 351.35
其他资产	109 324.64	109 708.29	110 958.59	110 002.47
总资产	**2 740 389.10**	**2 794 266.96**	**2 833 878.45**	**2 892 720.22**
对非金融机构及住户负债	1 716 456.29	1 749 286.60	1 778 064.83	1 798 147.07
纳入广义货币的存款	1 614 255.57	1 647 479.09	1 664 763.53	1 681 467.55
单位活期存款	472 633.97	495 115.22	483 008.20	498 819.68
单位定期存款	359 015.48	362 162.76	374 318.07	363 486.04
个人存款	782 606.12	790 201.11	807 437.27	819 161.84
不纳入广义货币的存款	46 938.67	47 447.74	46 835.37	48 194.51
可转让存款	15 017.88	14 926.96	14 018.91	15 660.48
其他存款	31 920.79	32 520.77	32 816.46	32 534.03
其他负债	55 262.05	54 359.77	66 465.93	68 485.01
对中央银行负债	99 705.13	108 056.97	90 790.32	98 826.22
对其他存款性公司负债	108 128.80	107 772.27	106 141.89	114 185.41
对其他金融性公司负债	172 181.03	171 808.87	186 008.05	198 935.37
其中：计入广义货币的存款	168 962.67	168 313.65	181 042.06	193 523.84
国外负债	18 975.24	18 487.27	18 939.77	16 815.85
债券发行	263 847.38	268 945.81	272 586.06	280 399.31
实收资本	54 821.42	57 148.66	61 714.23	64 575.78
其他负债	306 273.82	312 760.51	319 633.31	320 835.22
总负债	**2 740 389.10**	**2 794 266.96**	**2 833 878.45**	**2 892 720.22**

数据来源：中国人民银行。

附表 10　　2019年中资大型银行资产负债表

（季末余额）

单位：亿元

项　　目	第一季度	第二季度	第三季度	第四季度
国外资产	33 607.82	34 433.27	34 650.85	33 060.93
储备资产	114 263.58	121 144.31	116 632.20	115 339.86
准备金存款	111 007.21	118 291.72	113 529.16	112 446.60
库存现金	3 256.36	2 852.59	3 103.05	2 893.26
对政府债权	176 290.10	181 811.55	187 998.98	190 308.42
其中：中央政府	176 290.10	181 811.55	187 998.98	190 308.42
对中央银行债权	0.00	0.00	0.00	0.00
对其他存款性公司债权	110 879.23	106 288.46	104 356.06	108 627.92
对其他金融性公司债权	60 247.84	58 905.69	56 648.63	59 675.10
对非金融性公司债权	507 840.50	511 600.80	530 200.45	531 980.52
对其他居民部门债权	246 081.59	254 094.59	261 743.33	269 474.04
其他资产	51 284.48	51 198.55	52 360.13	49 340.18
总资产	**1 300 495.15**	**1 319 477.23**	**1 344 590.63**	**1 357 806.98**
对非金融机构及住户负债	881 378.34	886 185.40	902 169.43	899 124.38
纳入广义货币的存款	810 464.49	816 430.88	823 408.37	817 776.11
单位活期存款	235 333.45	243 249.03	237 395.90	235 743.20
单位定期存款	129 917.94	128 647.86	133 662.96	128 904.45
个人存款	445 213.10	444 533.99	452 349.51	453 128.45
不纳入广义货币的存款	24 740.65	24 537.40	23 911.21	24 106.24
可转让存款	7 334.72	7 106.66	6 688.68	7 167.44
其他存款	17 405.93	17 430.73	17 222.53	16 938.80
其他负债	46 173.19	45 217.12	54 849.84	57 242.02
对中央银行负债	49 225.11	52 089.01	43 931.28	46 897.94
对其他存款性公司负债	20 705.75	23 623.85	21 879.24	28 760.32
对其他金融性公司负债	65 085.14	66 869.79	74 351.98	76 363.43
其中：计入广义货币的存款	63 673.35	65 435.22	72 822.72	74 666.79
国外负债	6 326.46	6 410.02	7 218.67	5 415.55
债券发行	108 965.38	113 085.21	116 591.36	121 339.51
实收资本	22 529.88	23 327.47	26 773.71	26 489.63
其他负债	146 279.09	147 886.47	151 674.96	153 416.22
总负债	**1 300 495.15**	**1 319 477.23**	**1 344 590.63**	**1 357 806.98**

数据来源：中国人民银行。

附表 11

2019年中资中型银行资产负债表

（季末余额）

单位：亿元

项　　目	第一季度	第二季度	第三季度	第四季度
国外资产	23 766.21	23 657.00	24 963.47	25 405.90
储备资产	36 865.87	39 869.15	37 926.83	40 480.93
准备金存款	36 317.71	39 362.73	37 417.46	39 958.08
库存现金	548.16	506.42	509.37	522.85
对政府债权	57 823.96	59 972.38	62 971.47	65 120.91
其中：中央政府	57 823.96	59 972.38	62 971.47	65 120.91
对中央银行债权	0.00	0.00	0.00	0.00
对其他存款性公司债权	39 877.93	42 354.17	42 024.34	41 453.38
对其他金融性公司债权	89 914.49	91 389.30	84 221.08	87 300.51
对非金融性公司债权	242 418.76	246 837.66	253 745.13	259 666.41
对其他居民部门债权	119 419.47	124 971.01	129 645.35	133 930.46
其他资产	19 349.54	20 372.51	18 971.96	19 640.41
总资产	**629 436.23**	**649 423.19**	**654 469.64**	**672 998.92**
对非金融机构及住户负债	295 753.66	308 801.75	310 632.67	314 307.07
纳入广义货币的存款	278 223.05	291 252.50	292 210.90	296 613.03
单位活期存款	104 160.37	111 927.68	107 294.22	111 423.76
单位定期存款	109 754.08	111 702.44	116 149.21	113 512.27
个人存款	64 308.61	67 622.38	68 767.48	71 677.00
不纳入广义货币的存款	14 660.92	14 731.65	14 371.35	14 638.38
可转让存款	4 602.83	4 584.19	4 079.83	4 543.72
其他存款	10 058.09	10 147.46	10 291.51	10 094.66
其他负债	2 869.69	2 817.60	4 050.42	3 055.65
对中央银行负债	40 115.31	42 104.47	33 555.13	36 167.33
对其他存款性公司负债	35 155.96	33 654.50	34 915.28	35 853.92
对其他金融性公司负债	65 134.64	66 012.09	72 329.82	77 677.82
其中：计入广义货币的存款	64 119.97	65 251.96	70 797.40	76 642.57
国外负债	6 612.57	6 418.25	6 388.75	6 419.05
债券发行	110 744.79	113 788.38	116 547.96	121 922.97
实收资本	6 431.92	7 560.19	8 228.75	9 505.89
其他负债	69 487.38	71 083.55	71 871.28	71 144.87
总负债	**629 436.23**	**649 423.19**	**654 469.64**	**672 998.92**

数据来源：中国人民银行。

附表 12

2019年中资小型银行资产负债表

（季末余额）

单位：亿元

项　　目	第一季度	第二季度	第三季度	第四季度
国外资产	1 694.99	1 856.37	1 890.92	2 005.44
储备资产	58 543.55	60 856.42	56 777.56	64 860.12
准备金存款	56 469.83	58 972.15	54 735.14	62 936.69
库存现金	2 073.72	1 884.27	2 042.42	1 923.43
对政府债权	38 174.20	40 257.60	44 116.65	46 624.22
其中：中央政府	38 174.20	40 257.60	44 116.65	46 624.22
对中央银行债权	0.00	0.00	0.00	0.00
对其他存款性公司债权	99 607.75	99 873.66	98 605.81	97 216.01
对其他金融性公司债权	100 037.23	94 682.93	90 945.32	91 183.75
对非金融性公司债权	218 027.37	225 585.53	231 031.53	235 857.96
对其他居民部门债权	106 887.20	112 490.32	119 494.42	125 354.11
其他资产	22 301.49	21 854.65	22 982.14	24 517.97
总资产	**645 273.78**	**657 457.47**	**665 844.36**	**687 619.58**
对非金融机构及住户负债	431 792.53	444 499.08	454 179.94	466 768.77
纳入广义货币的存款	423 363.23	435 576.31	444 454.93	455 700.58
单位活期存款	100 492.25	104 676.81	104 402.42	107 988.32
单位定期存款	88 712.28	90 938.61	91 117.18	89 184.37
个人存款	234 158.69	239 960.89	248 935.33	258 527.89
不纳入广义货币的存款	3 314.02	3 641.57	3 786.69	4 161.72
可转让存款	835.24	925.66	990.44	1 102.19
其他存款	2 478.78	2 715.91	2 796.24	3 059.54
其他负债	5 115.28	5 281.20	5 938.32	6 906.47
对中央银行负债	9 361.58	12 897.54	12 459.43	14 790.28
对其他存款性公司负债	40 332.72	38 497.86	37 738.88	38 822.75
对其他金融性公司负债	40 356.57	37 090.64	37 610.43	42 923.42
其中：计入广义货币的存款	39 865.18	36 271.33	36 070.18	40 697.69
国外负债	1 190.05	1 201.82	1 051.55	931.65
债券发行	43 349.40	41 197.41	38 599.81	36 267.48
实收资本	16 718.56	16 993.44	17 426.93	19 063.43
其他负债	62 172.38	65 079.67	66 777.39	68 051.79
总负债	**645 273.78**	**657 457.47**	**665 844.36**	**687 619.58**

数据来源：中国人民银行。

附表13

2019年外资银行资产负债表

（季末余额）

单位：亿元

项　　目	第一季度	第二季度	第三季度	第四季度
国外资产	2 500.53	2 443.42	2 546.47	2 949.84
储备资产	2 644.78	2 903.66	2 879.59	3 251.56
准备金存款	2 639.32	2 898.53	2 874.61	3 247.02
库存现金	5.46	5.13	4.98	4.54
对政府债权	2 739.90	2 884.31	3 095.66	3 387.65
其中：中央政府	2 739.90	2 884.31	3 095.66	3 387.65
对中央银行债权	0.00	0.00	0.00	0.00
对其他存款性公司债权	5 178.01	5 377.88	4 864.89	5 186.35
对其他金融性公司债权	3 811.95	3 663.66	3 645.86	3 662.39
对非金融性公司债权	11 982.75	12 132.32	12 632.78	12 266.48
对其他居民部门债权	1 524.19	1 572.89	1 609.37	1 682.57
其他资产	12 961.53	12 812.80	13 114.29	12 684.30
总资产	**43 343.64**	**43 790.94**	**44 388.92**	**45 071.15**
对非金融机构及住户负债	17 054.10	17 706.37	18 493.99	19 485.67
纳入广义货币的存款	12 744.39	13 126.12	13 101.72	14 390.32
单位活期存款	3 849.58	4 131.48	3 869.68	5 346.55
单位定期存款	7 606.71	7 690.59	7 928.57	7 705.69
个人存款	1 288.09	1 304.05	1 303.47	1 338.08
不纳入广义货币的存款	3 302.60	3 624.62	3 850.18	3 952.53
可转让存款	1 700.79	1 752.43	1 764.07	1 945.53
其他存款	1 601.82	1 872.19	2 086.11	2 007.01
其他负债	1 007.11	955.64	1 542.09	1 142.82
对中央银行负债	84.99	160.62	133.40	183.44
对其他存款性公司负债	2 823.37	2 893.23	2 497.27	2 662.67
对其他金融性公司负债	1 128.05	1 162.94	1 210.79	1 263.59
其中：计入广义货币的存款	1 024.17	1 052.33	1 058.91	1 140.01
国外负债	4 827.00	4 444.31	4 272.80	4 041.18
债券发行	694.91	806.35	785.45	858.75
实收资本	1 954.11	1 974.89	1 976.51	1 978.68
其他负债	14 777.11	14 642.23	15 018.71	14 597.17
总负债	**43 343.64**	**43 790.94**	**44 388.92**	**45 071.15**

数据来源：中国人民银行。

附表14

2019年农村信用社资产负债表

（季末余额）

单位：亿元

项　目	第一季度	第二季度	第三季度	第四季度
国外资产	6.94	6.89	4.74	4.66
储备资产	8 764.40	8 740.77	8 697.48	9 541.03
准备金存款	8 279.02	8 333.37	8 270.18	9 215.56
库存现金	485.38	407.40	427.30	325.47
对政府债权	1 658.06	1 691.74	1 857.13	1 697.81
其中：中央政府	1 658.06	1 691.74	1 857.13	1 697.81
对中央银行债权	0.00	0.00	0.00	0.00
对其他存款性公司债权	19 770.05	19 638.55	18 915.62	15 993.80
对其他金融性公司债权	1 517.21	1 110.59	1 513.89	894.71
对非金融性公司债权	15 642.67	15 149.55	14 820.58	13 808.16
对其他居民部门债权	15 309.56	15 476.15	15 359.45	14 559.84
其他资产	2 929.43	2 966.42	3 008.55	3 256.19
总资产	**65 598.31**	**64 780.67**	**64 177.43**	**59 756.20**
对非金融机构及住户负债	46 879.67	45 975.93	44 995.20	42 228.06
纳入广义货币的存款	46 799.40	45 904.31	44 925.21	42 106.71
单位活期存款	7 663.73	7 653.37	7 397.27	6 353.52
单位定期存款	1 505.49	1 478.78	1 454.10	1 270.92
个人存款	37 630.18	36 772.16	36 073.84	34 482.27
不纳入广义货币的存款	0.27	0.25	0.43	0.52
可转让存款	0.25	0.24	0.41	0.51
其他存款	0.02	0.01	0.02	0.02
其他负债	80.00	71.37	69.56	120.82
对中央银行负债	654.43	558.48	502.42	552.65
对其他存款性公司负债	7 991.80	7 959.11	8 222.37	7 277.28
对其他金融性公司负债	134.96	237.55	157.53	317.65
其中：计入广义货币的存款	113.99	123.96	102.63	111.77
国外负债	0.68	1.21	0.66	0.88
债券发行	16.18	8.48	1.48	0.60
实收资本	1 510.10	1 476.46	1 407.60	1 416.18
其他负债	8 410.49	8 563.46	8 890.17	7 962.90
总负债	**65 598.31**	**64 780.67**	**64 177.43**	**59 756.20**

数据来源：中国人民银行。

附表15

证券市场概况统计表

年　份	2014	2015	2016	2017	2018	2019
境内上市公司数（A、B股）（家）	2 613	2 827	3 052	3 485	3 584	3 777
境内上市外资股（B股）（家）	104	101	100	100	99	97
境外上市公司数（H股）（家）	202	229	241	252	267	284
总发行股本（亿股）	36 795.10	43 024.14	48 750.29	53 746.67	57 581.03	61 719.92
其中：流通股本（亿股）	32 289.25	37 043.37	41 136.05	45 044.87	49 047.57	52 487.62
股票市价总值（亿元）	372 546.96	531 462.70	507 685.88	567 086.08	434 924.03	592 934.57
其中：股票流通市值（亿元）	315 624.31	417 880.76	393 401.67	449 298.14	353 794.20	483 461.26
股票交易量（亿股）	73 383.09	171 039.47	95 525.43	87 780.84	82 037.25	126 624.29
股票成交金额（亿元）	742 385.26	2 550 541.31	1 277 680.32	1 124 625.11	901 739.40	1 274 158.81
上证综合指数（收盘）	3 234.68	3 539.18	3 103.64	3 307.17	2 493.90	3 050.12
深证综合指数（收盘）	1 415.19	2 308.91	1 969.11	1 899.34	1 267.87	1 722.95
期末投资者数（万）	7 294.36	9 910.54	11 811.04	13 398.29	14 650.44	15 975.24
平均市盈率						
上海	15.99	17.63	15.94	16.30	12.49	14.26
深圳	41.91	52.75	41.21	36.21	20.00	26.15
平均换手率（%）						
上海	242.01	489.63	158.43	180.47	150.91	193.44
深圳	471.99	825.65	541.76	412.88	356.92	454.90
政府债券发行额（亿元）	21 747	59 408	91 086	83 513	78 278	85 187
公司信用类债券发行额（亿元）	51 516	67 205	82 242	56 352	77 905	107 058
银行间市场国债现货成交金额（亿元）	58 797	99 296	126 130	131 269	190 695	210 675
银行间市场国债回购成交金额（亿元）	839 347	1 589 806	1 757 356	1 913 543	2 144 206	2 694 737
证券投资基金只数（只）	1 899	2 723	3 873	4 848	5 580	6 111
证券投资基金规模（亿元）	45 374.30	83 971.83	91 595.16	115 989.13	130 339.08	147 672.51
交易所上市证券投资基金成交金额（亿元）	47 230.89	152 684.59	111 444.32	98 051.89	102 704.59	91 679.38
期货成交总量（万手）	250 585.57	357 802.25	413 782.44	307 106.17	301 069.67	392 156.68
期货成交额（亿元）	2 919 882.26	5 542 346.94	1 956 343.83	1 878 950.60	2 108 057.48	2 905 856.06

数据来源：中国人民银行、中国证监会、中国证券投资基金业协会、中央结算公司。

附表16　　**股票市值与GDP的比率**

单位：亿元，%

年份	GDP	市价总值	比率	GDP	流通市值	比率
2002	120 333	38 339	31.85	120 333	12 487	10.38
2003	135 823	42 478	31.26	135 823	13 185	9.70
2004	159 878	37 081	23.18	159 878	11 701	7.31
2005	183 868	32 446	17.64	183 868	10 638	5.78
2006	211 923	89 441	42.19	211 923	25 021	11.80
2007	249 530	327 291	131.10	249 530	93 141	37.30
2008	300 670	121 541	40.36	300 670	45 303	15.04
2009	335 353	244 104	72.74	335 353	151 342	45.10
2010	397 983	265 423	66.69	397 983	193 110	48.52
2011	471 564	214 758	45.54	471 564	164 921	34.97
2012	519 322	230 358	44.36	519 322	181 658	34.98
2013	568 845	239 077	42.03	568 845	199 580	35.09
2014	636 463	372 547	58.53	636 463	315 624	49.59
2015	676 708	531 463	78.51	676 708	417 881	61.76
2016	744 127	507 686	68.30	744 127	393 402	52.85
2017	827 122	567 086	68.56	827 122	449 298	54.32
2018	900 309	434 924	48.31	900 309	353 794	39.30
2019	990 865	592 935	59.84	990 865	483 461	48.79

数据来源：国家统计局、中国证监会。

附表17　　**境内股票筹资额和银行贷款增加额的比率**

单位：亿元，%

年份	境内股票筹资额	银行贷款增加额	比率
2002	720.05	18 475.00	3.90
2003	665.51	27 652.00	2.41
2004	650.53	22 648.00	2.87
2005	339.03	23 543.82	1.44
2006	2 374.50	31 809.00	7.46
2007	7 814.74	36 322.51	21.51
2008	3 312.39	49 041.00	6.75
2009	4 834.34	95 941.63	5.04
2010	9 799.80	79 450.29	12.33
2011	7 154.43	74 715.39	9.58
2012	4 542.40	82 037.63	5.54
2013	4 131.46	88 916.22	4.65
2014	8 498.26	97 815.77	8.69
2015	16 361.62	117 238.60	13.96
2016	20 297.39	126 496.23	16.05
2017	15 534.98	135 277.81	11.48
2018	11 377.88	161 704.90	7.04
2019	12 538.82	168 144.09	7.46

注：1.自2015年起，“各项贷款”包含银行业金融机构拆放给非银行业金融机构的款项。
2.境内股票筹资额不含可转债转股金额。
数据来源：根据中国证监会、中国人民银行数据整理。

附表18 股票市场概况统计表

年　份		2013	2014	2015	2016	2017	2018	2019
境内上市公司数（A、B股）（家）		2 489	2 613	2 827	3 052	3 485	3 584	3 777
其中：ST公司数（家）		53	44	51	62	64	57	137
中小板公司数（家）		701	732	776	822	903	922	943
创业板公司数（家）		355	406	492	570	710	739	791
境内上市外资股（B股）（家）		106	104	101	100	100	99	97
其中：ST公司数（家）		7	3	0	4	4	1	4
总发行股本（亿股）		33 822.04	36 795.10	43 024.14	48 750.29	53 746.67	57 581.03	61 719.92
其中：中小板总发行股本		2 818.48	3 470.59	4 853.94	6 423.69	7 612.24	8 360.10	9 322.12
创业板总发行股本		761.56	1 077.26	1 840.45	2 630.61	3 258.49	3 728.17	4 097.11
市价总值（亿元）		239 077.19	372 546.96	531 462.70	507 685.88	567 086.08	434 924.03	592 934.57
其中：中小板市价总值		37 163.74	51 058.20	103 950.47	98 113.98	103 992.02	70 122.00	98 681.32
创业板市价总值		15 091.98	21 850.95	55 916.25	52 254.50	51 288.81	40 459.59	61 347.62
流通市值（亿元）		199 579.54	315 624.31	417 880.76	393 401.67	449 298.14	353 794.20	483 461.26
其中：中小板流通市值		25 543.70	36 017.99	69 737.04	64 088.77	71 155.07	50 478.88	73 661.29
创业板流通市值		8 218.83	13 072.90	32 078.68	30 536.90	30 494.77	24 542.95	40 231.74
成交量（亿股）	合计	48 372.68	73 383.09	171 039.47	95 525.43	87 780.84	82 037.25	126 624.29
	日平均	203.25	301.04	700.98	388.08	359.76	337.60	518.95
	中小板	8 245.92	11 313.55	25 409.95	20 578.13	17 409.44	18 286.37	31 971.44
	创业板	3 035.84	4 035.30	9 938.88	9 509.90	8 829.88	11 642.30	19 009.23

续表

年　　份		2013	2014	2015	2016	2017	2018	2019
成交金额（亿元）	合计	468 728.61	743 912.98	2 550 541.31	1 273 844.74	1 124 625.11	901 739.40	1 274 158.81
	日平均	1 969.45	3 036.38	10 453.04	5 220.68	4 609.12	3 710.86	5 221.96
	中小板	100 224.40	152 166.57	497 556.18	344 164.94	259 879.80	203 625.83	310 656.51
	创业板	51 181.94	78 041.34	285 352.81	216 831.62	165 521.59	158 862.19	231 604.19
平均换手率（%）	上海	169.22	242.01	489.63	158.43	180.47	150.91	193.44
	深圳	423.79	471.99	825.65	541.76	412.88	356.92	454.90
平均市盈率	上海	10.99	15.99	17.63	15.94	16.30	12.49	14.26
	深圳	34.05	41.91	52.75	41.21	36.21	20.00	26.15
	中小板	34.07	41.06	68.06	50.35	45.56	21.04	28.47
	创业板	55.21	64.51	109.01	73.21	51.39	32.78	47.01
上证综合指数	开盘	2 289.51	2 112.13	3 258.63	3 536.59	3 105.31	3 314.03	2 497.88
	最高	2 444.80	3 239.36	5 178.19	3 538.69	3 450.50	3 587.03	3 288.45
	月日	2013/2/18	2014/12/31	2015/6/12	2016/1/4	2017/11/14	2018/1/29	2019/4/8
	最低	1849.65	1974.38	2850.71	2638.30	3016.53	2449.20	2440.91
	月日	2013/6/25	2014/3/12	2015/8/26	2016/1/27	2017/5/11	2018/10/19	2019/1/4
	收盘	2 115.98	3 234.68	3 539.18	3 103.64	3 307.17	2 493.90	3 050.12
深证综合指数	开盘	887.36	1 055.88	1 419.44	2 304.48	1 972.55	1 903.49	1 270.50
	最高	1 106.27	1 504.48	3 156.96	2 304.49	2 054.02	1 966.15	1 799.10
	月日	2013/10/22	2014/12/16	2015/6/12	2016/1/4	2017/3/17	2018/1/25	2019/4/8
	最低	815.89	1 004.93	1 408.99	1 618.12	1 753.53	1 212.23	1 231.83
	月日	2013/6/25	2014/4/29	2015/1/5	2016/1/27	2017/6/2	2018/10/19	2019/1/4
	收盘	1 057.67	1 415.19	2 308.91	1 969.11	1 899.34	1 267.87	1 722.95

数据来源：中国证监会、上海证券交易所、深圳证券交易所。

附表19 中国债券发行情况汇总表

单位：亿元

年份	政府债务			金融债券			公司信用类债券（企业债）		
	发行额	兑付额	期末余额	发行额	兑付额	期末余额	发行额	兑付额	期末余额
2000	4 657	2 179	13 020				83		862
2001	4 884	2 286	15 618				147		
2002	5 934	2 216	19 336				325		
2003	6 280	2 756	22 604				358		
2004	6 924	3 750	25 778				327		
2005	7 042	4 046	28 774				2 047	37	
2006	8 883	6 209	31 449				3 938	1 672	
2007	23 139	5 847	48 741				5 181	2 881	7 683
2008	8 558	7 531	49 768				8 723	3 278	13 251
2009	17 927	9 745	57 950				16 599	4 309	25 541
2010	19 778	10 043	67 685				16 094	5 099	36 318
2011	17 100	10 959	75 832	23 491	7 683	75 748	23 548	10 326	49 095
2012	16 154	9 464	82 522	26 202	8 588	93 362	37 365	8 750	77 710
2013	20 230	8 996	95 471	26 310	13 306	105 772	36 784	18 673	93 242
2014	21 747	10 365	107 275	36 552	19 345	125 489	51 516	27 388	116 214
2015	59 408	12 803	154 524	102 095	53 852	184 596	67 205	39 757	144 329
2016	91 086	19 709	225 734	182 152	125 677	236 499	82 242	61 139	175 180
2017	83 513	27 567	281 538	258 056	216 410	278 301	56 352	52 378	183 252
2018	78 278	29 875	330 069	274 056	229 047	322 585	77 905	51 561	205 603
2019	85 187	37 175	377 273	259 360	217 335	364 622	107 058	74 064	246 176

注：1.金融债券指由金融企业发行的债券，包括国开行金融债、政策性金融债、商业银行普通债、商业银行次级债、商业银行资本混合债、资产支持证券、证券公司债券、证券公司短期融资券、资产管理公司金融债、同业存单。

2.因统计制度调整，自2012年起，表中“企业债”替换为“公司信用类债券”，包括非金融企业债务融资工具、企业债券以及公司债、可转债、可分离债、中小企业私募债。

数据来源：中国人民银行。

附表 20

中国保险业发展概况统计表

单位：亿元，%

项　目	2013	同比增长	2014	同比增长	2015	同比增长	2016	同比增长	2017	同比增长	2018	同比增长	2019	同比增长
保费收入	17 222.24	11.20	20 234.81	17.49	24 282.52	20.00	30 959.10	27.50	36 581.01	18.16	38 016.62	3.92	42 644.75	12.17
1.财产险	6 212.26	16.53	7 203.38	15.95	7 994.97	10.99	8 724.50	9.12	9 834.66	12.72	10 770.08	9.51	11 649.47	8.17
2.人身意外伤害	461.34	19.46	542.57	17.61	635.56	17.14	749.89	17.99	901.32	20.19	1 075.55	19.33	1 175.16	9.26
3.健康险	1 123.50	30.22	1 587.18	41.27	2 410.47	51.87	4 042.50	67.71	4 389.46	8.58	5 448.13	24.12	7 065.98	29.70
4.寿险	9 425.14	5.80	10 901.69	15.67	13 241.52	21.46	17 442.22	31.72	21 455.57	23.01	20 722.86	−3.41	22 754.14	9.80
赔款、给付	6 212.90	31.73	7 216.21	16.15	8 674.14	20.20	10 512.89	21.20	11 180.79	6.35	12 297.87	9.99	12 893.97	4.85
1.财产险	3 439.14	22.11	3 788.21	10.15	4 194.17	10.72	4 726.18	12.68	5 087.45	7.64	5 897.32	15.92	6 501.62	10.25
2.人身意外伤害	109.51	13.12	128.42	17.27	151.84	18.24	183.01	20.53	223.69	22.23	267.70	19.68	297.66	11.19
3.健康险	411.13	37.88	571.16	38.92	762.97	33.58	1 000.75	31.17	1 294.77	29.38	1 744.34	34.72	2 351.48	34.81
4.寿险	2 253.13	49.71	2 728.43	21.09	3 565.17	30.67	4 602.95	29.11	4 574.89	−0.61	4 388.52	−4.07	3 743.21	−14.70
营业费用	2 459.59	13.27	2 795.79	13.67	3 336.72	19.35	3 895.52	16.75	4 288.06	10.08	4 717.73	10.02	2.48	16.38
银行存款	22 640.98	−3.43	25 233.44	11.45	24 349.67	−3.50	24 844.21	2.03	19 274.07	−22.42	24 363.50	26.41	25 227.42	3.55
投资	54 232.43	20.26	66 997.41	23.54	87 445.81	30.52	109 066.46	24.72	129 932.14	19.13	139 724.88	7.54	120 618.47	−13.67
其中：国债	4 776.73	−0.38	5 009.88	4.88	5 831.12	16.39	7 796.24	33.70	10 167.99	30.42	14 027.62	37.96	20 672.01	47.37
证券投资基金	3 575.52	−1.38	4 714.28	31.85	8 856.50	87.87	8 554.46	−3.41	7 524.77	−12.04	8 650.55	14.96	9 423.29	8.93
资产总额	82 886.95	12.70	101 591.47	22.57	123 597.76	21.66	151 169.16	22.31	167 489.37	10.80	183 308.92	9.45	205 644.92	12.18

注：1.保费收入、赔款给付、营业费用为年度数据。
2.银行存款、投资、资产总额为年底数据。
数据来源：中国银保监会、原中国保监会。

附表 21　2015—2019年全国非寿险保费收入构成

单位：亿元，%

险种	2015	占比	2016	占比	2017	占比	2018	占比	2019	占比
车险	6 198.96	73.59	6 834.55	73.76	7 521.07	63.98	7 834.02	66.64	8 188.32	62.91
企财险	386.16	4.58	381.54	4.12	392.10	3.34	423.11	3.60	464.10	3.57
货运险	88.16	1.05	85.46	0.92	100.19	0.85	121.11	1.03	130.12	1.00
意外险	199.95	2.37	247.69	2.67	312.66	2.66	416.60	3.54	526.57	4.05
责任险	301.85	3.58	362.35	3.91	451.27	3.84	590.79	5.03	753.30	5 .79
其他	1 248.18	14.82	1 354.60	14.62	1 764.09	15.01	2 370.06	20.16	2 953.92	22.69
合计	8 423.26	100.00	9 266.17	100.00	10 541.38	89.67	11 755.69	100.00	13 016.33	100.00

数据来源：中国银保监会、原中国保监会。

附表22　2015—2019年全国寿险保费收入构成

单位：亿元，%

险种	2015	占比	2016	占比	2017	占比	2018	占比	2019	占比
人寿保险	13 241.40	83.49	17 442.09	80.40	21 455.49	82.40	20 722.80	78.91	22 754.14	76.80
其中：普通保险	6 728.14	42.42	10 451.65	48.18	12 936.48	49.68	9 120.97	34.73	10 473.62	35.35
分红保险	6 413.19	40.44	6 879.77	31.71	8 403.20	32.27	11 489.15	43.75	12 166.97	41.07
投资连结保险	4.18	0.03	3.85	0.02	3.91	0.02	4.12	0.02	4.40	0.01
意外伤害保险	435.61	2.75	502.20	2.32	588.66	2.26	658.95	2.51	648.60	2.19
健康保险	2 182.13	13.76	3 748.51	17.28	3 995.40	15.34	4 879.12	18.58	6 225.68	21.01
合计	15 859.13	100.00	21 692.81	100.00	26 039.55	100.00	26 260.87	100.00	29 628.42	100.00

数据来源：中国银保监会、原中国保监会。

附表23　**2019年全国各地区保费收入情况表**

单位：亿元

地区	原保险保费收入	财产保险	寿险	意外险	健康险
全国合计	42 645	11 649	22 754	1 175	7 066
广　东	4 112	1 071	2 303	129	609
江　苏	3 750	941	2 215	85	509
山　东	2 751	663	1 514	62	511
河　南	2 431	532	1 379	52	468
浙　江	2 251	734	1 159	66	292
四　川	2 149	513	1 231	56	348
北　京	2 076	455	1 163	58	401
河　北	1 989	573	1 062	38	317
湖　北	1 729	398	975	44	312
上　海	1 720	525	839	91	265
湖　南	1 396	398	710	35	254
深　圳	1 384	362	709	66	248
安　徽	1 349	453	658	31	207
陕　西	1 033	217	639	25	152
黑龙江	952	202	527	18	205
福　建	948	260	478	29	182
辽　宁	919	284	473	19	142
重　庆	916	220	506	26	164
山　西	883	227	492	19	146
江　西	835	260	395	22	158
云　南	742	297	293	25	127
内蒙古	730	213	376	15	126
吉　林	679	184	348	14	133
广　西	665	217	299	25	124
新　疆	654	225	289	18	122
天　津	618	152	355	18	92
贵　州	489	223	172	19	75
青　岛	487	127	260	10	89
甘　肃	444	138	213	13	80
宁　波	376	166	164	9	37
大　连	371	88	230	7	47
厦　门	227	79	107	7	33
海　南	203	71	90	8	33
宁　夏	198	68	88	6	36
青　海	98	42	38	3	16
西　藏	37	25	5	3	4
集团、总公司本级	52	47	0	4	1

注：集团、总公司本级是指集团、总公司开展的业务，不计入任何地区。
资料来源：中国银保监会。

附表24

支付系统业务量统计表

单位：万笔，亿元

项目/年份	2015		2016		2017		2018		2019	
	笔数	金额	笔数	金额	笔数	金额	笔数	金额	笔数	金额
大额支付系统	78 883.86	29 520 565.22	82 566.97	36 162 984.12	93 208.70	37 318 633.92	107 310.73	43 534 782.76	109 420.65	49 507 235.60
小额支付系统	183 526.95	249 402.68	234 830.13	309 131.24	252 753.84	331 445.29	218 279.40	355 326.99	262 747.64	605 762.37
网上支付跨行清算系统	296 555.07	277 563.81	445 314.80	374 610.10	846 427.92	617 200.49	1 209 784.49	890 544.71	1 401 083.51	1 107 671.35
同城票据清算系统	39 515.72	1 243 363.80	37 246.57	1 308 049.55	35 902.76	1 308 500.57	35 488.89	1 120 284.71	28 222.42	818 879.01
境内外币支付系统	207.88	57 002.02	198.58	54 732.23	201.66	67 456.07	213.52	83 267.58	220.26	85 351.07
人民币跨境支付系统	8.67	4 808.98	63.61	43 617.74	125.90	145 539.58	144.24	264 463.17	188.43	339 255.39
银行业金融机构行内支付系统	1 970 775.51	11 940 122.11	2 583 027.85	12 154 693.66	3 231 336.24	13 336 885.70	3 669 527.73	13 320 871.21	1 646 891.13	12 186 942.70
银行卡跨行支付系统	2 066 757.44	492 752.74	2 376 180.09	670 694.00	2 934 772.13	938 491.66	3 551 388.83	1 202 916.18	13 517 472.61	1 736 037.62
网联清算平台	—	—	—	—	—	—	12 847 693.77	579 065.80	39 754 200.00	2 598 422.78
城市商业银行汇票处理系统和支付清算系统	—	—	—	—	—	—	6 295.78	5 882.82	477.20	7 320.89
农信银支付清算系统	—	—	—	—	—	—	59 778.84	30 285.70	130 239.91	29 284.94

注：1.根据人民银行“断直连”工作要求，第三方支付机构全部接入银联或网联系统，商业银行与支付机构之间的业务不再计入行内系统，城银清算有限公司和农信银资金清算中心成员机构与第三方支付机构之间的业务不再计入城商行支付清算系统和农信银支付清算系统业务量统计。

2.自2018年起，银行卡跨行支付系统业务笔数统计口径有所调整，一是增加支付机构发起的通过银行卡跨行支付系统处理的涉及银行账户的网络支付业务量；二是业务笔数仅包含资金清算的交易，不再包含查询、账户验证等不参与资金清算的交易。

数据来源：中国人民银行。

责任编辑：董　飞
责任校对：孙　蕊
责任印制：程　颖

图书在版编目（CIP）数据

中国金融稳定报告. 2020/中国人民银行金融稳定分析小组编. —北京：中国金融出版社，2020. 12

ISBN 978-7-5220-0929-2

Ⅰ. ①中…　Ⅱ. ①中…　Ⅲ. ①金融市场—研究报告—中国—2020　Ⅳ. ①F832. 5

中国版本图书馆CIP数据核字（2020）第240342号

中国金融稳定报告2020
ZHONGGUO JINRONG WENDING BAOGAO 2020

出版发行　中国金融出版社
社址　北京市丰台区益泽路2号
市场开发部　（010）66024766，63805472，63439533（传真）
网 上 书 店　http：//www.chinafph.com
（010）66024766，63372837（传真）
读者服务部　（010）66070833，62568380
邮编　100071
经销　新华书店
印刷　北京市松源印刷有限公司
尺寸　210毫米×285毫米
印张　9. 25
字数　185千
版次　2020年12月第1版
印次　2020年12月第1次印刷
定价　238.00元
ISBN 978-7-5220-0929-2